大人になった発達障害の仲間たち

森マミ 著

Forest Books

装幀＝Yoshida grafica　吉田ようこ
挿画＝安宅なぎさ

はじめに

私がこの本を書きたいと思ったきっかけは、あるお母さんの涙です。このお母さんは小学校二年生の息子さんが、計算に時間がかかり宿題が終わらず、〝登校渋り〟をするようになったことを心配し、スクールカウンセラーである私に相談に来られたのでした。「計算が遅い＝算数障害」ということではありませんが、担任はそれも視野に入れて宿題の量を減らし、お母さんは、宿題を終わらせることに執着しないように我が子を導くという策をとりました。「算数障害」は「学習障害（ＬＤ）」のうちのひとつです（四章に詳細）。しかし本人にとっては〝自分だけ特別〟は合点がいきません。また、彼の悩みは算数ばかりではなく、母親以外の異性を好きになり始めていて、そのことがお母さんに申し訳ない、と言っていたそうです。それくらいお母さん思いの優しい子で、まるで恋人同士のような二人でした。

息子さんの話をしながら、お母さんの目に涙があふれました。語弊があっては申し訳ないのですが、我が子を思って流されるその涙が本当に美しく、私は力を尽くしてお母さんを支えたいと思ったのです。このお母さんだけではなく、多くのお母さんが我が子を心配して、相談室で涙を流されます。どのお母さんの涙も美しいのです。

不登校やいじめ等の原因ももちろんありますが、発達障害の傾向が背後にうかがわれる相談内容の割合が増えてきました。発達障害についての知識や情報量は個人差が大きく、すでに診断を受けて薬も処方されている方もいれば、発達障害という言葉すらまったく聞いたことがないといった方もおられます。学校現場では、診断名を口にすることがタブーとされてきたので、発達障害についての説明を抜きに問題の中核に寄り添うことには、正直に言って、スクールカウンセラーとしては葛藤も困難も伴いました。

逆に、学校側が診断や薬を積極的に勧めるケースがあるということを聞き及んではいますが、この二十年近く私の勤務校にその空気はありませんでした。

「私は小学校のとき、忘れ物の女王だった」とAちゃんは言います。ここ十年ほどでしょうか、「片付けられない女たち」がたびたびテレビでも取り上げられています。Aちゃんは整理整頓も苦手でした。落ち着きがなく集中できないBくんのことを担任の先生は「幼いんですよ」と笑って話します。Bくんの離席は、先生の気を引くための問題行動と思われていたのです。カッとなりやすくて友だちとの喧嘩が絶えず、叱られても上の空のCくんは、先生からも親からも叱られ続けて、だんだん自分をダメ人間だと思うようになっていることに気づきませんでした。

別室登校して来たDくんに、ちょうど通りかかった先生が、「おい、D。今日は給食がひとつ余るから二人分全部食べて帰れよ」と声をかけました。先生の愛情表現でしたが、Dくんの顔色は、完食しなければならぬと青ざめていきました。字義どおりの受けとめ、言い換えれば、いわゆるKY（空気が読めない）場面です。

相談室に着くといつも「先生、電気ひとつ消して」と言っていたEくん。自分の部屋のカーテンを二十四時間一年中開けられなかったFちゃん。教室での指導は周囲の音がうるさすぎてほとんど頭に入らなかったGちゃん。触覚過敏で冬でも片袖を短くリフォームした服を着ていたHちゃん。視覚、聴覚、嗅覚等の知覚過敏もさぞや生きづらいでしょう。学校中の水道の蛇口を毎日同じ方向に並べ歩いたIくん、大人になった今はどんなこだわりがあるのでしょう。生きづらさを抱えながらも生活を楽しむ一面をもっていてほしい、周囲の人はそれを理解して支えてほしい——一人ひとりの顔を思い浮かべながら、そう願わずにはいられません。

診断を出すのは医者だけなので、医療機関を紹介するのが一般的ともいえるでしょう。

しかし、医療機関の受診は子どもや保護者にとってはハードルが高く、中には、「うちの子が病気だって言うんですか！」と怒りをあらわにする方もおられます。また、地方では発達障害を診断できる医師が本当に少なく、都会と地方との格差が生じています。発達障害という概念や特別な支援枠を設けなくても、あるがままが理解され、日常の中に自然に支援が実践されている社会が理想なのだという方もおられます。また、診断より支援を先にする「ＲＴＩモデル」（Response to Intervention ＝介入〔指導・支援〕に対する子どもの反応にもとづいて対応すること）というのがあります。診断を受けるには検査や面接等で、少なからず時間やエネルギーを使います。診断を受けずとも、まず先に学習環境を整えて支援を実施し、その結果を障害状況の判断につなげることができるというのです。診断にこだわらない支援先行の方法です。

さまざまな支援や試みが進もうとしている中で、いちばん問題なのは、いまだ障害というものへの偏見や差別が人の心の深層に横たわっている現実なのではないか、と思うことがあります。だれかと何かを比べて、「自分のほうが優れている」、「相手のほうが劣っているから自分はまだ幸せ」と思ってしまうのが、人間の心の悲しい一部分です。神なき世界には、絶対的な基準や土台というものがありません。地域や時代、周囲の人々の価値観という移りゆくものの中で、優劣を競いながら他者の目線や評価にしがみついてしまいます。
そして、支援を必要としている人は「普通でいたい」、「人と違った目で見られたくない」という切なる願いをもつようになり、支援が準備されても実行が難しいといった事態も生じます。金子みすゞの「わたしと小鳥と鈴と」という詩にあるように、「みんなちがって、みんないい」――支える側も支えられる側も、本当は〝そうは思えない〟人が結構いるのではないかと思えるのです。「みんなちがって、みんないい」という生き方は、じつは、自分が「無条件でありのまま愛されている」という安心や、他者もまた同様なのだという一体感やその温もりから生じてくるものではないかと思えます。

わたしの目には、あなたは高価で尊い。
わたしはあなたを愛している。
（旧約聖書・イザヤ書四三章四節）

本書では、大人になった発達障害の仲間たち四人について紹介しています。幼少期・児童期・思春期に発達障害とどう向き合ってきたか、どのようなプロセスを経て大人となった現在《いま》があるのかという四つのストーリーは、診断や告知というテーマを含めて、大人になって幸せになるために大事なことは何かを、読者各々が考える材料を提供してくれると思います。

日本LD学会の二〇一七年の大会テーマは、「発達障害の人の社会参加――大人になって幸せになるために」というものでした。「幸せになりたい！」と涙声で言った綾ちゃんの顔が、私の頭から離れません。「綾ちゃんの願いは何？」という私の質問に対する答えでした。二次障害との戦いは、綾ちゃんにさらなる困難を強いてしまいました。幸せになりたい――人として生まれて、だれだって当然求めていい願いです。幸せになるために生まれてきたのです。

児童期にアメリカで診断を受けて、現在は障害者枠で雇用されているケンくん。ときどき、不眠や疲れから作業中怪我をするかもしれないと休んでしまうこともあるといいます。ときどき、母は怒ってばかりの鬼母になってしまい、自分が母親でなかったらこの子はもっと幸せだったのではないかと思うことがある、といいます。ケンくんと母親は、アメリカの支援体験を日本にもち帰った先駆け的存在と言えるのではないかと思います。ケンくんとそのお母さんのありのままの姿から教わることがたくさんあります。

発達障害の疑いという見立てはあったけれど、大人になり、社会で活躍し始めたユウくん。社会人としてのスタート直後に再びつまずいてしまいました。しかし、つまずきはユウくんにとって自分を見つめ直す機会となり、ありのままの自分を受けとめていく再スタートになりました。

発達障害という概念にはまったく無縁で大人になった女性アーティスト透《とおる》ちゃんは、昔も今も透ちゃん色で人生を描き続けています。透ちゃんが早くから安定して自分色を彩《いろど》ってこられたのは、人と比べないという両親の子育てに支えられていたのでしょう。

いずれも二十代の仲間たちです。いずれも私が臨床心理士の資格取得前に出会った仲間たちです。かつてフリースクールで、家庭教師として、またプライベートで、仲間としていくらかの時間を共有してきた四人です。

目の前の困っている人を助けるためには、何に困っているのか知ろうとすることが第一歩なのだと思います。「発達障害」で〝困っている（困り感がある）〟とはいっても、発達障害というものが何なのか、どういう症状や状態を呈するのか、原因は何なのか、あるいはまた、障害だと言われた人の心の痛み、本人に何をどう伝えたらよいのか、具体的にどんな支援ができるのか等々、「助けたい」という思いのある人ならだれもが抱く疑問でしょう。

発達障害の人は、「助けて」という自分の状況を明確には理解できず、実際「助けて」という声を発することができない場合が少なからずあるといわれています。だから、周囲の人の〝知ろうとする〟心や努力がとても大事になってきます。

一家庭は、多くの子どもたちについての経験や知識はもち合わせていません。自分の子どもとせいぜい近しい子どもを比べて、家《うち》の子はこれが得意とか、この点では遅れがあるとか感じることはあるかもしれませんが、我が子の「助けて」サインを読み取ることが難しいのです。そういった意味で、学校の教師や福祉の関係者、地域コミュニティとしての機能を目指す教会やフリースクール等のスタッフは、発達障害についての知識と意識を高めていく必要があるのです。四つの物語がその助けになるように願います。

また、四つの物語が届けられることで、我が子に発達障害の傾向や症状があるのではないかと告げられたお母さんやお父さん、保護者にどう伝えたらいいのか迷いつつ、児童・生徒の支援に日々悪戦苦闘している学校現場の先生たち、就職後に挫折体験を経て発達障害と診断され、職場復帰に向けて奮闘している方々とそれを支えるご家族、発達障害とはもう長い間向き合ってはきたけれど、いまだ迷いや疲れを抱えるという方々や親御さんに、拙著が温もりある支えとささやかな道標になることを願います。

＊なお、本書で取り上げた四人の仲間たちのモデルは実在しますが、四つの物語は各個人に限定された物語というより、複数の方々のエピソードを合わせ、架空の環境設定を含んだミックス事例（架空事例）です。

目次◉大人になった発達障害の仲間たち

本書では主に「DSM- 5」の用語を使用していますが、物語の流れの中で、「DSM- Ⅳ」の用語も出てきますので、以下、整理します。

＊ DSM とはアメリカ精神医学会による「精神障害の診断と統計マニュアル」（Diagnostic and Statistical Manual of Mental Disorders）で、世界的に広く用いられている心の病気に関する診断基準です。

ＤＳＭ－Ⅳ

広汎性発達障害（PDD）

・自閉性障害
・アスペルガー障害
・レット障害
（・小児期崩壊性障害）
※特定不能広汎性発達障害

⇩

ＤＳＭ－５

自閉症スペクトラム障害（ASD）

なお、「AD/HD」と「LD」については、次のように訳語が変わりました。

ＡＤ／ＨＤ

ＤＳＭ−Ⅳ＝注意欠陥・多動性障害
ＤＳＭ−５＝注意欠如・多動性障害

ＬＤ

ＤＳＭ−Ⅳ＝学習障害
ＤＳＭ−５＝限局性学習障害

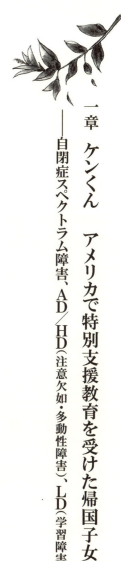

一章　ケンくん　アメリカで特別支援教育を受けた帰国子女
――自閉症スペクトラム障害、AD／HD（注意欠如・多動性障害）、LD（学習障害）

1　ケンくんとの出会い――「不登校を選びました」

ケンくんとの出会いは、母親からのフリースクールへの一通のメールがきっかけでした。

突然のEメールお許しください。私の息子は中一ですが、広汎性《こうはんせい》発達障害（アスペルガー症候群）、AD／HD、LDという障害があります。主人の赴任先のアメリカで明らかになりました。アメリカのスペシャル・エデュケイション（特別支援教育）の個別プログラムを受けて帰国しましたが、息子の障害は目に見えないため、今、在学している学校は「特別なことはできない」と、今は何のサポートもない状態です。

当時、私は立ち上げたばかりのフリースクールに参加することとなり、経理も事務も教務も面談もすべて担当していましたので、当然、ケンくんの初回面談にも立ち会いました。ケンくんは少しそわそわしている様子で、ソファーの周りを立ち歩いていました。初対面のスタッフとの緊張が見てとれましたが、愛嬌のある表情で、よくしゃべっていたように記憶しています。

◆日本とアメリカの「差」

ケンくんは中学一年生で帰国しましたが、その当時、日本の学校ではまだ特別支援教育は始まっていませんでした。アメリカから帰って来たということで注目は浴びていましたが、「特別なことはできない」と言われました。アメリカでのスペシャル・エデュケイションとの〝差〟を感じてがっかりしたであろうケンくんの母親の心中を察することができました。学校の先生に向かって、「あなたのやっていることは、目の悪い人にめがねをかけさせないで、綱渡りをさせているようなものなんです！」と息巻いたこともあったといいます。

また、小学二年からアメリカで生活していましたから、ケンくんには逆カルチャーショックもありました。転校の最初の挨拶（生徒はお休みの日）から戸惑いを感じました。日本では、休みの日でも学校へは制服を着て行かなければなりません。ケンくんにとっては不思議なルールでした。また、ケンくんはリコーダーが苦手でした。日本の学校ではひとつの演奏をみんなで完成するまで、音楽の授業内容としてリコーダーが続きます。アメリカでは楽器としての紹介くらいだったので、ケンくんは帰国後苦労したといいます。

「日本は発達障害の人に差別意識が高いと感じた」とも言っていました。実は、アメリカの現地校でも、ケンくんの人の気を引こうとするようなちょっかい行動や言葉の壁に対して、悪口やいたずら電話等のいじめがあり、それらを差別意識と感じたことがあったのです。しかし、母から相談を受けた特別支援教育教員とスクールサイコロジスト（アセスメント等も担当する学校心理学者）が、他の子どもたちもケンくんの特別なニーズを理解する必要があると判断し、みんなで学ぶ時間を設けてくれたそうです。それからは、嫌がらせのようなことは一切なくなったといいます。

母はその経験から、帰国後、日本の学校でもカミングアウト[*1]が良い方向に行くのではないかと思い、校長先生から同学年の生徒全員に説明をしてもらいました。ところが、日本では障害をバカにして「ガイジ」（「障害児」を略して呼ぶ差別表現）とからかいが始まりました。その体験の差から、「日本は発達障害の人に差別意識が高い」という言葉が出てきたのだろうと思います。

◆いじめ・不登校

そして、いじめが始まりました。先生と保護者との連絡用ノートが破られていたり、ケンくんの机が教室の端っこに移動されていたりしました。薬を飲んでいることへの偏見もあったようで、「違う学校へ行ったほうがいいんじゃない？」とあからさまに言われたこともあります。「変わっている」とからかわれ、バカにされました。

ケンくんも怒りをコントロールできませんでした。日常と違うことや自分が考えていることと違うことが起こるとパニックになりました。被害妄想もありました。個別指導といっても、公立中学の先生にはあまり余裕がありません。具体的な指示や、注意を継続する工夫が与えられないと何もできない（「やっておきなさい」と言われても何もしない）息子の状態を見て、母は帰国後半年も経たないうちに地元の中学ではやっていけない、このままではこの子がつぶれてしまうと思ったそうです。母は不登校を選びました。

フリースクールでの初回面談のとき、ケンくんママは言いました。「この子が『生まれてきて良かった』と思ってくれることが何よりの願いです。」

2　アメリカでの生活、そして診断

ケンくんは、父親の転勤で小学二年生の九月からアメリカの小学校に通うことになります。渡米前に通った英会話教室のアメリカ人の先生から、「彼はAD／HD（注意欠如・多動性障害）じゃないかな」と言われたそうです。このころ、発達障害は日本ではあまり知られていませんでした。アメリカでは、日本にまだ「発達障害」の概念がなかった一九六〇年代にすでに学習障害が注目され始め、発達障害が初めて公に扱われたのは、一九七〇年の法律からだといわれています。＊2

◆渡米前【幼少期】

アメリカで診断を受けてから、ケンくんママは幼少期を振り返ります。

ケンくんの祖父（自分の父親）から、話しかけても会話が成立しないと言われたことを思い出しました。幼稚園の先生からは「友だちと関わらない。指示に従えない。ちょっかいを出す」と指摘されたことがありましたが、専門機関への勧めはなかったそうです。このころから自然科学に関しての知識が豊富で、特に虫に熱中していました。

スキップがなかなかできず、走るのも遅いほうでした。幼稚園の四角いプールは異常に怖がっていたけれど、公園の遊具はすべて回らないと気が済まない、というこだわりがありました。偏食が激しくて納豆しか食べなかったといいます。（しかし小学校に入り、周囲が食べているのを見て変化していきました。）ケンくんママは、とにかく友だちができず、周囲からもよく「変わっているね」と言われる我が子を、「何となく違うなあ」と感じていました。

◆ AD／HDとLDが明らかになる【小学二年生】

もともと不安症だった彼は、渡米直前には大声で文句を言い出したり、不安になると多弁になったりしました。小学二年生のときのアメリカの現地校の担任は、ベテラン（おばあちゃん）先生で、ケンくんの行動に注目します。机に突っ伏して授業に参加しようとしない、音をたてる、ちょっかいを出す、イライラしている、授業中歩き回るなどの指摘がありました。「彼は、なぜペンを落としたままにしているの?」「女の子の髪の毛をクチャクチャにしてしまう。そんなことは、この国ではやらないでくれ」と言われました。しかし、悪意からわざとやっているようでもないので、その先生はケンくんママに、だれかに相談することを提案してくれました。

そこで日本人の臨床心理士に相談したところ、AD/HDではないか、公費で査定をしてもらえるので受けたらどうかと勧めてくれました。（アメリカでは障害児教育法に基づき、すべての州及び州内の各地方の教育機関は、障害児のために無償の適切な公教育が定められており、発達障害に関するテスト〈アセスメント〉もこの法律に基づき個人の負担なく実施される。）

「言語発達、精神、心理、神経発達、生育歴、運動機能、教育」と七項目にわたってアセスメントを受けました。そして、AD/HDとLDの中の書字障害との診断が出ました。この結果を受けて、親と教師、心理士、ソーシャルワーカー、時に医師と連携をとって「学際チーム」が組まれ、「個人プログラム」が作られていきます。また学校側は、日本人のエイド（介助員）を探してくれました。その他に、ケンくんは日本人の著名なセラピストに出会い、そこで作文等の指導も受けることになりました。

現在は、日本の特別支援教育でも「専門家チーム」（医療・教育・心理等の専門家から構成）が存在し、特別なニーズをもつ児童や生徒を巡回・観察し、見立てや指導法などを教員に助言してくれます。特別支援が必要な幼児・児童・生徒には、「個別の教育支援計画」や「個別の指導計画」が作成されています。

◆アメリカでのスペシャル・エデュケイション

「スペシャル・エデュケイション」のクラスは大体五〜六人でした。日本では特別支援教育の情緒固定学級（自閉症等の児童を対象に八人を上限とする固定の学級）に相当するようなクラスでしょう。朝の登校時はそのクラスに行き、音楽や体育は二十人程のクラスに参加します。ケンくんママのブログ[*3]からの引用です。

アメリカでは、障害が立証されると個人プログラム（ＩＥＰ）が作られる。自尊心をもつことが何より大切にされ、その子のもつ長所は徹底して生かして自信をつけさせ、苦手な部分は一対一で無理せず勉強。必要ならばエイドと呼ばれる介助員がたった一人のためにつくのである。

このブログにあるように、個人プログラムの目的は、みんなと一緒のゴールというよりは個人のゴールを設定し、それを目指し、評価することでした。それができれば自信になりますし、〝他者と比べてできない自分〟という殻に閉じこもることはありません。

ケンくんに「当時の友だちで覚えている人いる？」と聞くと「ロバート、ジョージ、ホセ、モハレム。ホセはヒスパニック」と教えてくれました。その学級では、障害についての差別は感じなかったといいます。

◆パニックのピーク【小学三・四年生】

小学三年生のころには、投薬治療の効果もあり、落ち着いて集中力が増し、成績が上がりました。「Most Improved Student（最も改善された生徒賞）」という賞をもらったそうです。しかし、笑顔が見られなくなったといいます。

その後、匂いに過敏になって（嗅覚過敏）、学校のカフェテリアには近づけなくなりました。嘔吐恐怖（吐いてしまうことに強迫的な恐怖を感じること）で、歩けなくなったのです。たびたびパニックになり、手を引っ掻いてみたり、身体がまったく動かなくなったりしました。

小学四年生のときが、パニックのピークだったといいます。薬の副作用として逆に不安感が高くなったのかもしれないと、神経科医は言っていたそうです。異文化で英語でのコミュニケーションにも苦労している中で、身体も成長し、心理的にも変化する多感な時期、いわゆる「十歳の壁」とパニックのピークが重なっています。ケンくんママもそのパニックに上手く対応できずに、本人につらく当たっていたように思うと振り返ります。そんないちばんつらいときに、ケンくんが書いた詩が残っていました。

「Mama」（原文のまま）

Nice, Warm, Beautiful,
Loving, Working, Caring,
She is like a flower.
That is my favorite.
I always give her my big love.
The kindest person in the universe.
I love you.

素敵で、温かくて、美しい。

働き者で、世話好きな、愛すべきぼくのお母さん。
お母さんはお花みたい。
ぼくはお母さんが大好き。
ぼくのありったけの愛をあげるよ。
宇宙一やさしいお母さん、
愛してるよ。

◆自閉症スペクトラム障害（ASD）の診断【小学高学年から中学生へ】

小学五年生になると、自分を責めて壁に頭をぶつけるといった自傷行為も激しくなっていき、攻撃性や衝動性がエスカレートしていきました。ほかの子ども同士のトラブルに怒って椅子を投げたり、鉛筆のとがったほうを人に向けたり、先生を叩いたりしたこともありました。

一方、そのころ、母方の祖父が亡くなり、大きなショックを受け、ケンくんはかなり落ち込みました。加えて同級生が夏の海の事故で死んでしまうということが重なり、深刻なうつ状態に陥ってしまいました。

そして、十日間の入院。入院といってもそこはキャンプとか寮生活のようなもので、学校と同じような学習時間が設定されていました。発達障害の子どもが多く来ていて、検査入院のようなものでした。ここで自閉症スペクトラム障害の診断が出ます。自閉症スペクトラム障害は、人との距離感がとれなかったり、空気が読めなかったりという社会的コミュニケーションの障害と、こだわり行動が特徴です。しかし、自閉症スペクトラム障害をさらに理解するためには、〝十人十色〟であるということを知っておくのがいいと思います。二つの特徴をおさえ、たとえ数人の自閉症スペクトラム障害の人と出会っても、次に出会う人はまた別のタイプの人だと感じる可能性が大きいのです。

ケンくんは、彼の障害に適切な対応ができないという理由で、希望していた日本人学校への中学進学はかないませんでした。しかし、自分にとって最善の道が用意されているという希望は失わずに、ソーシャルスキル（対人関係や集団行動など、人と共に生きるための能力）トレーニング等のチームとしてのサポートのある現地の中学校に入学します。

そして、中学一年で帰国することになりました。しかし、ケンくんママは、「息子を不登校にすること」を決意しました。それはさぞかし、勇気のいる決断だったことでしょう。フリースクールの門を叩く場面は、出会いのところで述べました。

3　ケンくんの特性――植物博士・昆虫博士・電車男 etc.

植物、鳥、虫、天気、宇宙、動物、電車。ケンくんはこれらが大好きです。好きなものはとことん追求します。自閉症スペクトラム障害の特性としては、「特有のこだわり」とか、「限定された興味」という言葉で表されますが、ケンくんママは、愛情をもって、「うちの鉄塔男」、「うちの電車男」、「うちの昆虫博士」、「うちの気象予報士」と呼びます。鉄塔とは送電線の鉄塔のことで、ケンくんは幼稚園のころには鉄塔の絵ばかり描いていたことがあったそうです。映画「鉄塔武蔵野線」に連れて行ったとき、ケンくんはとても喜んだといいます。ケンくんママが驚いたのは、鉄塔マニアが思いのほか多かったことです。母は、ケンくんの特性を受けとめ、それを伸ばしてあげようと行動していました。

小学一年のとき、帰宅予定時間をだいぶ過ぎても戻って来ないケンくんを心配する母。やっと戻って来たケンくんに、なぜこんなに遅くなったのかと問い詰めると、「この辺には西洋タンポポが多いから関東（日本）タンポポがあるのかどうか、タンポポのガクを調べてたんだよ」と答えたそうです。小学一年生が花のガクを調べていたとは、まるで小さな研究者です。

母と一緒にテレビ映画を観ていたときのこと。マフィアの隠れ家がシチリア島にあり、そこに人質を連れて行くシーンでケンくんが言います。「ここはシチリアじゃないよ。あの辺に生えている木はコースト・ライブ・オークで、カリフォルニア沿岸にしか生えないから、ここはカリフォルニアだよ。」それに対し、ケンくんママの内なる声。「あぁ……。私には木はどうでもいいのよ。映画のイメージを崩さないでくれいぃ！映画見ても木が気になるのかいっ！」

ケンくんにはその他以下のような特性がありました。

- 人と関わる方法や相手の考えや気持ちを理解することが困難。
- しばしば自然な会話が困難（興味のあることを一方的に話してしまう）。
- 正直すぎる。思ったことを考えないでそのまま言ってしまう。
- 落ち着きがなく衝動的。
- 予定外のことが起こるとパニックを起こす。

・不注意。
・二つ以上の指示が入らない。
・騒がしい場所がきらい。
・不器用。

4　フリースクールでのケンくん――人への愛着

◆一方的な話・場を考えない発言

ケンくんは、興味のあることを一方的に話してしまうことがしばしばありました。電車や鳥や植物の話が多かったように記憶しています。

ある日の授業中のことです。そのとき、ケンくんは美容整形に興味がありました。「では、決を採ります。美容整形に賛成か反対か」と、採決にもち込もうとしました。授業内容とは関係なく、唐突に決を採り始めたのです。生徒はケンくんの興味を知っていて苦笑いを浮かべていましたが、スタッフは授業中でもあったのでそれを止めようとしました。ケンくんは逆に「待て」という制止のポーズをとってそのスタッフを押しとどめ、場をしきり通したのでした。

やがてスタッフも、（授業中は別にして、フリーの時には）ケンくんワールドで展開される話が楽しくて、「勉強になるなぁ。ケンくん、教えてくれてありがとう」との声が上がるようになりました。そんなふうに言われても、ケンくんはただ驚異的な知識を披露し続けるだけなのですが、一瞬嬉しそうな表情になります。もはや一方的ではなく、私たちスタッフにとっても、大好きなケンくんの興味を共有する交わりになっていったのです。

また、ケンくんには、場を考慮せずに思ったことをそのまま言ってしまう傾向もありました。昼食時にぎょう虫について種類や大きさまで、それはもう詳細に話し始めます。「女性のあそこってスワヒリ語で○○って言うんだよ」という発言もありました。しかし、その場その場で、興味はあっても相手に言ってはいけないこと・言ってはいけない場面についても話しました。たとえば、女性の年齢とか体重は聞いてはいけないというのが常識的なことだとか、ケンくんには同年代ならすでに獲得しているだろう常識を丁寧に教えていくのです。母とスタッフの協働作業でした。

私たちは毎日詳細な日誌をつけ、その日のうちに電話やメールで母と連絡をとり合いました。フリースクールでの状況は母に伝わり、家庭での様子はスタッフにも共有されるなど、欠かさぬ連携が続きました。家庭訪問も定期的に行いました。

◆正直者で、負けず嫌い＋聴覚過敏

ケンくんはとても正直者です。ある日の生徒指導場面です。他生徒との口喧嘩について事実関係を聞いている際のケンくんの所作に、正直さがあふれています。

スタッフＡ「ケンくん、そこまでは言ってないよね？」
ケンくん「……。」
スタッフＢ「言ったよな？」
ケンくん（ぐるりと背中を向けて、ゆっくりとうなずく。）

その正直さにスタッフは、叱らなければならない場面でかわいさがこみあげてきます。指導する者としての心の揺れが、ますますスタッフとケンくんとの関係性を深めていきました。

ケンくんは負けず嫌いです。「ＵＮＯ（ウノ）」をしていて負けが続いたとき、コーラをまいて暴れたり、ゲームで負けそうになったとき、女子生徒に本をぶつけたりしていました。しかし、そんなことがあった後は自分を責めてよく泣いていました。スタッフは、その内省の時間と空間を見守りました。そのうち、ケンくんは負けると爆発する自

分を客観視できるようになったのか、スタッフの指導（寄り添い）もあり、自分でその場を去るということを選べるようになりました。

他の生徒の声が大きいと衝動的に怒りを表出し、スタッフを平手打ちしたり、机などをひっくり返したりしたこともありました。ケンくんには日常的に〝クールダウンの場所〟が必要でした。フリースクールの学長は保育園の経営者でもあり、フリースクールは保育園と同じ敷地内にありましたから、ケンくんのクールダウンの場所は保育園の中の「お道具部屋」と決まっていました。たくさんの刺激を遮断するために、棚という棚にカーテンがつけられました。

◆人との関係・居場所

ケンくんは、愛嬌やユーモアに富んでいて、五年間、フリースクールのメンバーやスタッフとの関係性を楽しみました。スタッフやほかの生徒にとって、ケンくんは癒やし的存在でした。体験入学でやって来る生徒に、「どう話しかけたらいいかなぁ」と心を用いたり、「Mちゃんがいると場が明るくなる」と素直に言葉にできたり、生徒の態度が悪かったりすると、「もうわがままで困るね」とスタッフを労《ねぎら》ったりしました。人と関わるのに十分な意欲も資質ももっている人でした。

入学当初は、肩をたたかれただけでビクッとしていたのに、具合が悪く熱っぽいときには、自分からスタッフの手をとって自分のおでこに当てるという場面も見られるようになりました。幼少期より友だちづくりが苦手と言っていたケンくんですが、下校の際に「みんなで帰ろう！　フリースクールのみんなで帰ろう！」と自ら声を上げることもありました。「ケンくんは何がいちばん好き？」と聞くと、「ここ！」と答えたこともありました。あるときは、ケンカをして一日謹慎になりましたが、ケンくんは「ぼくだけにして。相手は赦してあげて！」と懇願しました。

五年間という日々を共に過ごしたスタッフにとっては、家族のような存在です。家族はどこに行っても、何をしていても家族です。心の中にだれかが宿って消えないという関係をケンくんは獲得し、同時にスタッフにもプレゼントしてくれたのです。

5　高校生活——真の教育者

ケンくんは、発達障害の子どもを受け入れている私立の通信制の高校に進学しました。ケンくんママは、アメリカにいたときから、ＬＤの子どもを受け入れている高校のことを新聞で知っていました。面談の結果、本人も望んで、入学にいたりました。

高校に週三日、フリースクールに週一日のペースで通学しました。ゼミ方式（選択授業で、好きなこと・興味のあること・進路に向けて必要なことに応じて選択し、自分で時間割を作成）という形もケンくんに合っていたようで、高校は休まないで通いました。また、ちょうどケンくんが入学した年から、アメリカで特別支援教育を学んだ先生がスタッフに加わり、ケンくんがアメリカで受けていた個人プログラムが再度生かされることになりました。ケンくんは本当に出会いに恵まれています。

ケンくんママは、高校について「教育というものを考えてくださる方々がここにいる」と言っています。中学で嫌な思い出がある分、教師という存在に不信感がありましたが、それを払拭してくれる出会いでした。「それぞれの先生方が一人ひとりの生徒に愛と熱意をもって関わることがよくわかった」と言います。「どうしてこんなに一生懸命になれるの?」というくらい、一人ひとりの先生に真の教育者の姿を見ました。〝学校らしくない学校〟がキャッチフレーズで、職員室はいつも解放されているような状態だったといいます。

◆「いいところ応援計画」

また、ケンくんママにとって親の会（保護者会のこと）では、ひとりではないという安心感があり、ここでも家族のような心地よさを感じたそうです。親の会主催のある講演会では、「いいところ応援計画」という講演[*4]が良かったといいます。

その講演により、「子どものいいところを探すとき、何もそれが他者より優れていなくてもよい。それを探すために〝心のストライクゾーンを少し広げる〟。もう中学生なのにとか、高校生なのにとか、できて当たり前なのにとかいう固定概念を変えていく。たとえば〝朝ごはんを毎日食べる〟でもいい、〝明日の準備をたまにしかしない〟を〝明日の準備をたまにすることがある〟と、どんな小さなことも徹底的に良いところとして肯定化する」ということを、ケンくんママは再確認したのでした。

母は何度も繰り返し再確認しながら、ケンくんと共に歩んでいきます。何度もバトルを交えながら、バトルのたびに自分自身をも反省しながら、母親失格だと溜息をつきながら、それでもケンくんの歩く道を一緒に探し続けます。

ケンくんママは、学校にはある程度言うべきことを言ってきた人という印象があるかもしれませんが、自己主張が強いというようなタイプではなく、肩に力の入らないホンワカとした人です。発達障害については豊富な学びの蓄積があり、もちろん親としてケンくんをリードしてきたのですが、子を呑み込むような母親像は感じない、ケンくんとは友だち同士のように喧嘩もできる普通の母親です。

6　ピアス論争とマインドマップ*5（心の連想地図）

このことについては、ケンくんママのブログをそのまま引用（一部編集）させてもらいました。母としての揺れる思いが、そしてケンくんの優しい心の内が見えてきます。

高校卒業前の出来事です。

ずっと息子とはピアス論争が続いていた。喧嘩が絶えなかった。

ある日、もうこの言い合いが嫌になって「勝手にしろ！　うじうじ言ってないで行動に移したらどう？　でも、私は絶対反対だからね！」と言い放った。自分でもすごい矛盾している言葉だと思ったけど、このときの言い合いは耐えられなかった。その言葉は、ピアスにゴーサインとなってしまった。それでも、しおらしく、「もう少し考えてからにするよ。それに学校ではつけないから」と言っていたのだが……。

それから、耳鼻咽喉科にピアスの穴を開けに行った息子はすぐに帰ってきた。

「同意書が必要なんだって。お母さん、書いてくれる？」

「私は反対だって言ったんだよ。反対してる親が同意するはずないだろ！」

「わぁー！」と言って、こたつのテーブルをひっくり返す。

「ぼくだって十八歳なんだから、自分のことは自分で責任とるよ。それにお母さんだって赤毛にしているじゃないか！」

「だったら黒に戻すわよ！」

「そんなのひどいよ！　ぼくはお母さんが整形手術をしたいって言ったとしても許すよ！」

「どうしてあたしが整形しなくちゃいけないのよ！」

「ひどいよ！　ここまできたのに。ここまで来たのに……。」――息子、泣く。

「あんたのおかげで、あたしが今までどんな思いをしたと思ってるの！」――私も泣く。

「お母さんに今まで迷惑かけて悪かったと思ってるよ。でも、本当にお願い。」

「うるさい！　もうあんたなんか、あんたなんか、出て行け！」

息子は外へ行って自分の感情を落ち着かせようとしていた。私はといえば、矛盾したことを言った自分が馬鹿だと思いながらも、ここで許したら親としてダメなんじゃないかと心が揺れていた。

その後、息子は家に帰ってきたと思ったら、何やら熱心に書いている。高校で自分の考えをまとめる訓練にいつも使っている「マインドマップ」というものを一心に書いていた。息子がちょっといなくなった間にそれを見てみた。

ピアスという文字が真ん中に書いてあって、その文字から線が出て、クモの巣のように、そこから思い起こされること、連想されることがぎっしりと書いてあった。

ピアス—身体を傷つける—もらった身体—愛せない—苦しむ。

ピアス—目立ちたい—苦しい—ストレスを発散させたい。

ピアス—自分を変えたい—自分が憎い—友だちが少ない—緊張—苦しむ—悔しい—親を苦しめた—「自分が憎い」から親に迷惑をかける—何のために生まれてきたのかわからない—自分を責める。

ピアス—バカにされたくない—障害—いじめられた—ガイジ（障害児をバカにする言葉）—アメリカに帰れ—うざい—死ね—弟を侮辱された。

ピアス—親の反対—罪悪感—ケンカ、家出—母が病気になる—家庭崩壊—耐えられない。

それを見たら息子が何を考え、何に苦しんでいたのか、一目瞭然だった。そのうえ、親を苦しめた、母が病気になると罪悪感まで抱いて。自分は何のために生まれたのかという言葉には参った。親として一貫した態度なんてどうでもよくなってしまった。はちきれそうになっている心をどうにかしてやりたくなった。息子には頭を壁に叩きつけたり掻きむしったりする自傷行為があったから、そのマインドマップを見たとき、ピアスくらいで心が楽になるならと、同意書を書いた。よく考えれば、これは成長でもある。部屋にこもっている息子に同意書を「ほらよ」とぶっきらぼうに渡した。「ありがとうございます。」次の日、ファーストピアスをして、息子は嬉々としている。少しは、楽に、なったのかね……。

7　専門学校時代――続く母子バトル

「ぼくは森を守る人になりたい」と、ケンくんは自然系の大学進学を目指していましたが、高校三年生の夏休み前に参加した専門学校の講演会がきっかけで、環境系の専門学校に進学することになりました。方向性としては、国立公園のレンジャーか森林インストラクターに興味があり、それが彼の目標でした。

◆第二反抗期

さて、この時期は（高校卒業のころから続く）第二反抗期の真只中でした。ピアスや服装等の装飾、嗜好も変化します。毎日バトルが繰り返されます。ある日の母との会話、いえ、怒鳴り合いです。

ママ「ウルセー！！」
ケン「なんだよ！　オラァ！」
ママ「だれに向かって、もの言っとんじゃあ！」
ケン「ババアみたいなこと、言ってんじゃねえよ！」
ママ「でかい口叩くんだったら、この家から出て行きな！　このチンピラが！」

しかし、そんなバトルの後しばらく経つと、「お母さんごめんなさい」と謝るケンくん。「お母さんもひどいこと言ってごめんね。」「こんなもんなんでしょうかね。親子って。あぁ、疲れる……」とケンくんママは言います。

なんと素敵な親子だろうと、私は思います。普通の親子です。言いたいこと言い合って、溝のない関係修復が成立する、普通の素敵な親子です。

◆なぜ、私なのですか？

レポート作成は大変で、書字障害のあるケンくん、文字を書くことに加え、文章を書くのは大きな試練でした。宿題のために学校を休んだり、課題が進まないイライラに二十か所も包丁で自分を傷つけたりしたこともありました。そんなケンくんを前に、母は同情よりも怒りが込みあげ、息子にありとあらゆる暴言を吐いてしまったといいます。母は発達障害の大変さをだれよりも一緒に味わってきています。しかし、もうそろそろ、せめて自傷行為からは卒業してほしいという願いがあり、流れる血と流れる悲しみが、怒りとなったのかもしれません。そのときのケンくんママの気持ちが、ブログに綴《つづ》られています。

疲れた……。きっとお互いに……。

何でこうなる？　いつもこんな繰り返しじゃないか！

なぜ？
なぜ？　私なんですか！
こんな力のない私にこの子どもが与えられたんですか！
私には育てる自信がない。
私はこの子を愛したいのに愛せません。
理解したくてもできません。もうどうしたらいいのかわかりません。
こんなとき、神さまに無性に問いかけてみたくなるのだ。
「なぜ？　私なのですか？」と。

専門学校卒業前に、ケンくんは二十歳の誕生日を迎えます。母は、「この子がいてくれたおかげで自分の心の汚さや力の限界とか、差別されることとか、普通ってどういうことなのかとか、普段では考えないようなことを考える機会に恵まれた」とブログに綴っています。そして、「幸せに生きてほしい。自分なりの幸せを見つけて幸せになってほしい。お誕生日おめでとう！　ここまで大きくなってくれてありがとう。生まれてきてくれてありがとう！」　二十歳になったケンくんへの母の思いです。

8　就職活動――ケンくんの涙と母の涙

専門学校卒業後は、アルバイトをしながら、将来に役立つ資格の勉強や車の免許を取ってから就職する、というのがケンくんの意思でした。だから、就職活動はあまりしませんでした。このころには、ビオトープ管理士[*6]の勉強も始め、造園業関連の仕事に就きたいという願いもありました。得意なものを職業に生かすのは、親も本人も嬉しいことだと思うのですが、とても難しいことでもありました。

◆初めてのバイト

初めてのバイトは工場内での流れ作業でしたが、面接の日、担当の人が母に電話をかけてきて、ケンくんについて「大丈夫ですかね？　メモとか取ってますか？」と聞いたといいます。その担当者は発達障害の人を指導した経験が少なかったのかもしれません。ケンくんの様子を見て、指導できないと不安になったのでしょう。結局、一日行っただけで派遣会社のほうから別の所を紹介すると言われました。ケンくんのコミュニケーション力や仕事力に不安を感じたのか、いいように理由をつけて辞めるように仕向けられたのではないかと、ケンくんママは感じたそうです。

再度チャレンジしたバイトは、運送業でのメール便の仕分けでかつ力仕事でした。夜間の仕事で、母はケンくんが仕事に行く日にはいつも祈りました。眠れないとイライラしてしまう息子のために、朝は朝で「寝不足で危険な目に遭わないように」と祈り、夜は夜で「真夜中近い家路を守ってください」と、「どうかこの小さな一歩が、社会へ出るための足がかりとなりますように」と祈ります。

◆「お母さん、ごめんなさい」「お母さんこそ泣いてごめんね」

運送業のバイトは期間が決まっていたため、次に地元の障害者就労支援センターの門を叩きます。職業査定では、ケンくんは手先の細かい作業や速さの求められる仕事は苦手だということが明確になりました。やはり、支援を受けて仕事を探していくしかないと、職業訓練を受けました。それが終わってからは、しばらくは家でゴロゴロの日々。母子はまたもや衝突します。

このときの母の祈りはこうです。「涙を流して祈っているけれど、息子のためなんでしょうか。わかりません。私の祈りは、自分が楽になるための祈りなのではありませんか。今すぐにでも息子から逃げ出したくなります。そんな愚かな母の祈りでも、神さまは聞いていてくださいますか。」

母は、悔し涙を流したこともあります。障害者雇用の会社に実習に入る予定だったのが、書類選考の時点で断られてしまいました。せめて面接をしてもらえないかと、母は支援者を通してお願いしましたがダメでした。母は悔しくて泣いてしまいました。ケンくんは、「お母さん、ごめんなさい」と母を見つめて言いました。母はケンくんに言いました。「いちばんつらいのはあなたなのに、お母さん、泣いてごめんね。」

その後、就労支援センターを通して仕事をもらいますが、対人関係のトラブル等もあり長続きせず、他の就労支援B型[*7]も利用しましたが、一日千円ほどの工賃……。ケンくんにとっての〝働く〟というステージではありませんでした。就労への道のりは簡単ではありませんでした。再度就労支援センターのお世話になり、今の職につながります。

9　ケンくんの現在、そして未来――〝母なる存在〟としての社会

現在、ケンくんはある宅配会社の契約社員として働いています。障害者枠で採用されました。荷物を仕分けてかご（コンテナ）に積む作業です。休み時間の一時間をはさんで十四時から二十二時の勤務、週二日の休み。もうすぐ半年になろうとしています。契

約は半年に一回更新されるといいます。

◆ケンくんの幸せ

「正社員には?」と聞くと、「契約社員のほうが気が楽」とケンくんは答えました。本採用は縛られる感じがする、もっと働かないといけないと駆り立てられるように思ってしまうとも言います。「でもお金がね、足りなくなる」と苦笑いしました。

ケンくんママとしては、興味を生かした仕事、強みを生かした人生を歩んでほしいと今も思っています。でも、親がいいと思うことと本人がいいと思うことに差があるのは重々承知です。ケンくんは「今、満足している」と言いました。「幸せに暮らしてくれたらいいから。それが一番」と母は言いました。

ケンくんに聞きました。「幸せって、どういうことだろう?」

ケンくんは答えました。「普通に暮らすこと。」

「普通って?」

「大きいストレスがないこと、給料も安定している、喧騒がない。」

「障害者枠での雇用ということに抵抗はない?」と聞くと、「ない」と答えました。

ケンくんにとっての幸せは、職種や雇用の形や枠ではなく心の安定なのです。考えてみれば、だれにとっても、本質的にはそれに尽きるのではないでしょうか。ケンくんは人として、どこまでも純粋に生きています。

こんなこともありました。駅で不安そうにしている女性から道を聞かれ、その方が探していた息子さんのアパートを一緒に探してあげたそうです。とても感謝され、後日、手紙と柿とビール券をいただきました。喧騒のない普通の生活の中に、ケンくんの優しさがこぼれ出ます。

◆両親の心配事・結婚について

ケンくんの父親の心配は、ちょっと具合が悪いと休んでしまうこと。「どれくらいの頻度で休むの？」と聞いたところ、「一か月に一度くらい」とのことでした。ケンくんは「職場は理解がある。長い目で見てくれる」と言います。「長い目で見て、自活できそうですか？」の問いに対しては、「できないね。お金がないから。使っちゃう。お酒とか、煙草。ストレス解消。」

「結婚は考えていませんか？」と聞くと、「考えていません。未婚かも」と答えます。続けて、「子どもが生まれて障害もっていたら嫌だな。大変な思いをする人を増やすのは嫌だな」と言いました。このことは、中学時代から口にしていたことです。ケンくんの正直な気持ちです。「大変な思いをして生きている？」「うん。」「……。」

少しの間の沈黙を思いやるかのように、ケンくんは言いました。「恋愛にはあまり興味ないけど見合い話にはのるよ。容姿はどうでもいいけど、できたらふくよかな人がいい。ぼくは古風だから両方の親ともに大家族がいい」と。そして「生まれてくる子が虚弱体質だとなあ……」と言葉が続きました。大変な思いをして生きていることを、深いところで受けとめ合う会話となりました。

◆改めて「障害」について

ケンくんママに「発達障害と言われてどうでしたか？」と聞きました。

「かえってホッとした部分がありました。納得したというか。何が何だかわからないほうがつらかったです。『どんなしつけしているんですか』とか言われたこともあるし、逆に『そんなこと、多少なりともみなあるわよ』と簡単に流されたこともありました。息子は漢字二十回書きなさいと言われても、二十回書いても覚えられなかった。クリニカルサイコロジスト（臨床心理学博士）は、二十回ではなく、大きな紙や升目に書くことを勧めてくれました。この提案は、ありがたかったです。また、電車、自然科学等、本人の好きなものに関連づけて漢字を練習させたほうが効果がありました。同じ障害の息子さんをもつ方とタイムリーに出会えたのだけど、その人はきらきらしていたんです。障害ということで落ち込む必要はないと思えました」と答えました。

「ケンくんには、発達障害についてどう説明したのですか。」

「薬を飲むにあたり、説明はしました。あなたにはみんなと違う良いところと少し大変なところがある、〝障害〟という名前はついているけれど、それはあなたを守るためのもので、お母さんはそれを個性だと思っている、と。」ここでケンくんが口を開き、「トットちゃん（幼少期の黒柳徹子の愛称）と同じだよ、という説明は受けた」。

母は、「だけど、傷つかないかなーとかいろいろ考えました」と告白しました。ケンくんが続けました。「ぼくは、障害も隠さないでオープンにしたいほうだから。でも、アメリカから日本に戻ると難しかった。日本には、理解がない人が多い。」

現実的には、オープンにしたものの、それを受けとめる側の教師が戸惑っていたり、クラスメイトの中でも、親切になった人もいれば、上から目線の人もいたりしたそうです。母と息子はさまざまな波風を共に乗り越えて、今日まで生きてきました。

◆続いていく不安と母という存在

「何でこんな障害があるんだ、このバカ野郎！」と自分の頭をポカポカ叩くことは、かつて何度もありました。不安はいろいろなかたちでケンくんを襲ってきます。あるときは、意地悪な年下の子どもが極端に苦手な存在となり、あるときは過食で胃癌になるのではないかと心配しすぎて食べられなくなり、あるときは地震・テロ・戦争が恐くて大好きな電車さえ乗れなくなりました。ルーティン（決まっている手続きや日課）以外のあらゆることがケンくんの不安材料となります。ケンくんはパジャマを着て寝られません。「三・一一みたいなのが来たら、飛び出さないといけないからね」と言います。フリースクール時代、「こんな不安でずっと生きていかなくちゃいけないの？」と泣きじゃくったことがありました。そのときはスタッフも泣きました。

「（未来は）なかなか霧が立ち込めている」――ケンくんの言葉です。しかし、これもまた考えてみれば、私たちすべての人間には不安がつきもので、明日はどうなるかわからない霧のような存在です。（ケンくん、私も同じだよ。介護が続き、収入激減で、保障のない職種ゆえ、老後には霧が立ち込めている。一緒だね。）

「息子のすべての不安は私にぶつけられる。私が彼の受け皿」――母の言葉です。母は今も、そしてこれからもずっと「今のままでいい、ありのままでいい、あなたのままでいい」と何度も認めながら、同時に「神さまが必ずこの子の強みを生かしてくださる、ご計画がある、時がある」と信じ続けて生きていくでしょう。私たち（社会）はそんな母を支え、ケンくんにとって私たち（社会）も母なる存在でありたいと思います。

ケンくん、We love you.

You are like a special flower to us.

注

1　カミングアウトとは、社会やコミュニティ（家族・支援者・所属など多層であるが、本項ではまとめて「周囲」とする）に対して、みずからのハンディについて意識的に公言することを意味する。そのような生き方の選択として表明されることもあるが、多くはそれによって何らかの支援を受けることを期待してなされる。その前提となるのは本人が自分のハンディについて自覚的であることと、受け止め手である「周囲」に発達障害について一定の見識が共有されていることである（日本ＬＤ学会編『発達障害事典』

二〇一六年、丸善出版、四九〇〜四九一頁)。

2　公に「発達障害」(developmental disabilities)という語が登場したのは、アメリカの障害児教育関連の法律「一九七〇年発達障害サービスと組織法」(PL91-517)だといわれている。医学用語としての登場は一九八七年の「ＤＳＭ－Ⅲ－Ｒ」(前掲書、『発達障害事典』二〜三頁)。

3　ケンくんママのブログより。一章の内容はこのブログ記事を参考にしている。そのままを引用している箇所は段落を下げて表記。

4　講師は、当時所沢教育委員会の阿部利彦氏。『発達障がいを持つ子の「いいところ」応援計画』(二〇〇六年、ぶどう社)等多数の著書がある。現在、星槎大学大学院准教授。

5　トニー・ブザン教育協会公認の入門書、トニー・ブザン『マインドマップ超入門』(二〇〇八年、ディスカヴァー・トゥエンティワン)参照。

6　自然と伝統が共存した美しく強靱な地域の創造を目指す技術者、端的に言えば、自然の保全・再生を任すことができる技術者(日本生態系協会による)。

7　就労に関する障害福祉サービスのうち、就労継続支援A型は、雇用契約に基づく就労で、B型は、雇用契約に基づく就労が困難である者に対して就労機会の提供や就労に必要な知識や能力向上のために必要な訓練やその他の支援を行うものである(厚生労働省)。

二章　ユウくん　自殺念慮《ねんりょ》の高かった私立中学男子生徒
——自閉症スペクトラム障害、適応障害

1　対人関係のトラブルから不登校へ

ユウくんは、対人関係のトラブルが原因で中学一年のとき、登校渋りが始まった男子生徒です。以前同じ職場だった教員から紹介され、私は家庭教師として、中学二年生のユウくんに出会います。

対人トラブルのきっかけについてですが、ユウくんがあるクラスメイトに勉強方法を聞いてそのとおりに実行したら次のテストで成績が上がり、他の生徒から勉強方法を〝パクッた〟と言われたそうです。また〝精神異常〟という言葉を浴びせられたことが、ユウくんの心にどうしても赦せないこととして重くのしかかることになります。自分のプライドが傷つけられたという思いが大きかったといいます。担任の先生が和解の場を設定してくれたのですが、そのときにも、パクリ発言のクラスメイトから言葉でめためたにやられてしまい、彼に負けたことが赦せないという思いが強く残ります。

中学一年生の対人トラブル以来、ユウくんは、他人の目線が気になってしかたがなくなりました。相手が自分を軽蔑しているかもしれない、と思うことが多くなりました。他生徒が叱られているのを見ることも嫌でした。自分もあんなに叱られるかもしれないと怖くなってしまうのです。ひとつマイナスなことがあると、どんどん気分はマイナスになっていき、最後には「何のために生きているの?」「この先どうなっちゃうの?」と不安でたまらなくなりました。登校渋りの状態から不登校になっていきました。

◆電車大好き坊や【幼少期・学童期】

母親によると、幼稚園時代は〝ひとり遊び〟が多かったといいます。電車がすごく好きで、「大きくなったら、〝きかんしゃトーマス〟になりたい」と言っていました。初恋の相手は、「きかんしゃトーマス」だったと母は笑います。大阪まで電車を見に行って夢中になり、帰りの新幹線に乗り遅れたこともあったそうです。

小学生時代は、友だちはいましたし、しょっちゅう家にも遊びに来ていたそうです。不登校もありませんでした。ただ、四～五人ほど（特定の顔ぶれ）で遊んでいても、途中からひとりになってしまう（自分が場を離れてしまう）ことがよく見られたそうです。父親からは、「不安をもちやすい小学生だった」ということも聞かれましたが、母親にとっては、手がかからない子どもで、言葉が早く、大人受けが良い子どもだったそうです。自分の意見をしっかり言える反面、人の話は半分くらいしか聞かないところがあり、自分のペースで場をもっていこうとするところがあったといいます。

2　続く内なる苦しみは自己破壊的に

◆対人関係にシャッター

ひとたびトラブルになった相手には、二度と心を開かず、ひとつの思いへの固執は対人関係に〝シャッター〟を下《お》ろしてしまいます。頭ごなしのきつい物言いをしたり、大声を上げる大人は苦手で、この人は自分のことをわかってくれないと思い込んでしまうのか、下ろされた心のシャッターは二度と再び開けられることはありません。発達障害の子どもたちに比較的よく見られる特徴です。私とユウくんにもトラブルがありました。

中学二年の夏休みに、遅れた分の勉強を取り戻すため、家庭教師の時間を多くしましょうと私のほうから申し出ましたが、具体的な日程をユウくんから告げられなかったので、忙しさにかまけて他の予定を入れてしまいました。そのことがユウくんの怒りを買うこととなり、突然、「家庭教師は別の人を頼むことにしました」と宣告されたのです。どうしてそうなってしまったのか、話し合う余地をくれませんでした。私のほうも、もっと丁寧に日程調整をしていたら、こんなことにはならなかったのにと深く反省した出来事でした。

そのときは、ユウくんの母親がかなり上手に介入してくれて、これからは家庭教師としてではなく、話相手としての時間をとりましょうと関係を調整・設定してくれました。何とか関係性は切れずにすみ、そして、家庭教師というよりユウくんの内なる旅の同伴者となっていったのです。

◆攻撃性が自分自身に向かう

ユウくんは、「いじめた人を殺したい」、「憎しみが抑えきれない」と何度か口にするようになります。家の中では大声をあげたり、本を破ったり、物を投げたりという攻撃的な行為もありました。憎しみが膨らんでいるようにも見受けられるのですが、同時に

「自分が同級生からどう思われているのか」をとても気にしていて、「きっと嫌われているに違いない」と思い込み、ひとり、部屋の中で悶々《もんもん》としていました。

あるとき、呪いの儀式のようなことをしようとして、父親にそれを咎《とが》められました。やはり呪うのはよくないと自分をいじめた人を赦そうと思いました。もともと、とても真面目な性格で、いわゆる社会の道徳的規範にも全力で従おうとする人でした。

しかし、その後、自己破壊的になっていきました。死にたいと思うようになったのです。自分の憎しみをシャットアウトしようとして、攻撃性は自分自身に向かっていきました。負の感情を抑圧すると攻撃対象は自分自身になります。うつ病の患者さんの心理機制が自罰であるのと同様です。

友だちを作りたいけれどうまくいかず、学校では孤立して疎外感を強く感じてしまいます。家にいても、この孤独と疎外感にさいなまれました。これこそが、社会性の障害の中身であり苦しみなのです。[*1] つまり、ひとりぼっちでいたいわけではない、心の中では友だちを切実に求めているにもかかわらず、実際はうまく仲間に入れない、自分からは友だちが作れない苦しみです。この苦しみが続き、飛び降りようとする衝動的な行動が生じました。

3　うつ状態と自殺念慮

飛び降りたい衝動、自殺念慮に関しては、中学二年生の春から夏にかけてのころがピークでした。完全に生きる希望を失ったかのように、自殺したいと何度も口にするようになり、危険な状況が続きました。両親は地元の心療内科に連れて行きます。抗うつ薬を処方されましたが、かえって落ち込みがひどくなるので、抗不安薬を飲むようになりました。「うつ病ではなく、うつ状態だと言われた」とユウくんは言っています。ユウくんは、病気までにはなっていないということを強調したかったのだと思います。この時点では、自閉症スペクトラム障害という診断は出ていません。

死にたいという思いはなかなか消えてくれず、母親は、いつマンションから飛び下りるかもしれない状態のユウくんを心配して、一晩中寝ないで、白々と明けて行く夜をいくつ数えただろうと振り返ります。

あるときは、自分の部屋の窓の柵を外して脱出し、二十九階建のマンションの一番上まで行き、今や飛び降りんとばかりに下を見ていたといいます。またあるときには、気づいたら真夜中にいなくなっていて両親があわてて捜すと、マンションの上層階の階段に腰かけているユウくんを見つけました。叱る気力、叫ぶ元気、部屋に帰る気持ちもお互いに萎《な》えてしまったかのように三人は階段に座り、ただ黙って長い時間を過ごしました。知人が夜中の二時とか三時に駆けつけてくれて一緒に捜してくれたこともありました。また、トイレに籠《こも》り、手拭きを首に巻いたり、ハンガーや電気コードを首に巻いたりしたこともありました。「今、入って来ないで」という声が、閉じられたドアの向こうから聞こえてきたといいます。

両親は、まだ十五歳にもならない我が子が消えてしまうかもしれない恐れと、命を守らなければならないという責任感でとにかく必死でした。

ユウくんは、そのときの心情を振り返り、どうしても自分と人とを比べてしまって、それが苦しかったといいます。自分が評価されて、五十点とか六十点、三十点とか言われたら嫌だなと、他者からの評価を気にしていたそうです。また、性的なサイトを見たり、ゲームに固執したりしてしまう自分にがっかりして、「ああ、おれは勉強したいのに、何をやっているんだ！」と自己嫌悪に襲われ、自信をなくしてしまったといいます。

◆自閉症スペクトラム障害とうつ病

自閉症スペクトラム障害が引き起こす最も頻度の高い二次障害は、うつ病だといわれています。[*2] うつ病の中心症状は、抑うつと制止だといわれます。うつうつとした気分が続き、テレビが見られなくなったり、大好きな趣味さえ楽しむことができなくなったり、すべての行動力がストップしてしまいます。何をするにも時間がかかるようになり、やがて死にたいと感じるに至るというものです。さらにユウくんの言葉の中には、「憎んではいけない」という禁止、「赦さねばならない」という超自我[*3]が招いたうつ状態が表現されています。

ユウくんは母親について、そして父親について語ったことがありました。
「昔から母の怒る顔が怖かった。母だけではなくて、父にも先生にも、『もっとやればできるのに』って言われそうで。先生に嫌われたらどうしよう、母に嫌われたらどうしようって思ってしまう。一度怒られると、どうしても怖くなるんです。父に相談したら、指示と指導だけで、結局おれの気持ちはあんまりわかってないかなと思ってしまいました。あっ、でも、お父さんのことは尊敬してるんですよ。」

4　グレーゾーンということ

ユウくんの祖母がとても心配して、もっと専門的な病院で診てもらったほうがいいのではないか、ということになり、国立の大きな病院を受診することになります。そこでは、「アスペルガー障害の疑い」という診断書が出ました。医師によると、ユウくんの場合「いくつか当てはまる部分もあるが、アスペルガー障害の中核ではない」ということで、「疑い」診断となったと聞いています。

「あてはまる部分もあるが、それそのものではない」状態をグレーゾーンと言い表すことができるかと思います。ユウくんの場合は、まさに〝グレーゾーンの子ども〟でした。あるいは〝狭間《はざま》の子ども〟という言い方も、よく使われるようになりました。定型発達（同年齢の人の中で平均的な発達。発達の速度や発達のバランスが平均的であること）と発達障害は連続体であって、両者に明確な境界線はありません。

下のイラストのどこかに明確な境界線を見いだせるでしょうか。また、

イラスト

複数の発達障害を併発している場合は、直線的な連続体にとどまりません。容易にわからないのが発達障害であり、また発達障害のみならず人間存在の姿なのです。

定型発達と発達障害ははっきり区別できるものではない。両者が入り混じっているというのが、普通の人間というものではないかと、僕は思う。発達障害であってもなくても、人は、皆、境界の不明瞭なグレーゾーンに生きている。普通に生きるとは、グレーゾーンに生きることなのだ。[*4]

精神科医で、青年期・精神療法のスペシャリストである青木省三氏は「発達障害を持つ人の悩みは、すべての人の悩みでもある」とも述べています。人間理解の深い言葉です。

ＬＤ（学習障害）の人の立場からは、グレーは白と黒の中間色で黒は悪いものをイメージさせるので、グレーゾーンという言葉にはあまり良い印象をもてないといいます。また、何万色もある色の中から自分に合った特定の色を見つけ、その色で輝いていくのだから、グレーと決めつけないでほしいという声もあるそうです。[*5]〝自分に合った特定の色で輝く〟、素敵な表現です。ＬＤについて、詳しくは四章で見ていきます。

一方で、自殺念慮が存在する深刻で危険なケースでは、自閉症スペクトラム障害の可能性を常に念頭におくべきであるとの考えもあります。*6 その診断自体が、自殺再企図の予防ともなるとの調査結果も出ているそうです。〝可能性を常に念頭に置く〟とは、グレーを形成している黒の部分である困り感（深刻さ）にも目を向けるということなのだと思います。

「そんなこと（発達障害の特性は）多少なりともみなある」とか「気にしすぎないほうがいい」という人は結構たくさんいます。簡単に流してはいけない状況もあるということ、純粋に励ましのつもりでも、言われた側は自分の心配事を簡単に流されて、かえって気持ち的に孤立してしまうことがあることを、心に留めておきたいと思います。

私はこれらの言葉を発する人の中に、レッテル貼りを避けて個人を大事にしたいという心情よりは、障害というものを絶対に受け入れないという頑なな心を感じ取ってしまうことがあります。（もちろん、その言葉を発するすべての人に、というわけではありません。）むしろ、障害者への差別がそこにはあるのではないかと考えたりもします。「自分や家族はそちら側の人間ではないぞ」という不健康な悲しい突っぱねのようなもの。そういった意味では、グレーゾーンにどんな反応をするかは、発達障害をどう受けとめるか、もっと言えば、差別に関するスケールになるような気さえするのです。あるいは、自分の中の〝陰の部分〟を受容できていない人の反応なのかもしれません。

5　就労まで【高校・大学・大学院】——対人関係の緊張に耐えながら

高校は、ずいぶんと迷いましたが、不登校生徒を多く受け入れている私立高校に進学することになりました。入学後、親友と呼べる人もできましたが、やはり何より心配なのは人間関係でした。ユウくんは、クラスメイトを〝元気のある派〟と〝元気のない派〟に分けて、元気のない人とつるんでいたといいます。そして嫌われないように、友だちになってもらえるように、いつもニコニコしていて、大概は疲れていたそうです。

そんな疲弊も経験しながら、ユウくんは自分と向き合い続けます。高校時代を一言で表現すると「うつからの回復期」であったそうです。自殺念慮は、時々現れたといいます。

ユウくんが高校生になってから、対人関係の緊張について話したときのメモが残っていました。

小中学校のときからずっと人と比べて生きてきたから、人と比べなくていいよと言われてもそれがわからない。高校もみんなが行くので、自分だけ違うのは変な目で見られるかもしれないという恐れから行っている。行ってはいるけど、人が自分を見る顔や目が常に恐い。夏休みのある日、夜中に死にたくなってエレベーターのところまで行ったんです。いつまでこんな思いが続くのかって苦しくなって。ぼくは楽になりたいんです。だけど、苦しいなあって思うときも少しそのままの状態を保てるようになったと思います。

大学に入ってからの自殺念慮は、ほとんど記憶にないといいます。ストレートで大学に入り、仏語を専攻しました。文化人類学研究会に所属し、部長も経験しました。部の運営をめぐって部員とぶつかり合うこともありましたが、長く欠席してしまうというような事態にはなりませんでした。対人関係にも柔軟性が出てきたようにも思えました。

さらにストレートで大学院に進学し、フィールドワーク（実験室や教室ではなく、日常の現実世界で行われている調査や研究のこと）を主とする地域研究を専攻しました。大学だけの学びでは物足りない感があり、国際的な文化を学びたいという願いが、まずは日本の神道や浄土真宗の調査研究、次に韓国における儒教と日本との比較等の研究となったそうです。

院生になってからは、調査や勉強の量がハードでした。プレゼンテーションの準備が十分にできていなかったりすると、先輩に咎《とが》められてつらかったことが記憶にあります。それを改善するために、当日配る資料に図や写真を入れて見やすくしたり、大切なポイントは文字を網掛けにして強調したりして工夫しました。また、最初から最後まで、演劇の台本のように自分の話す内容を細かくまとめていました。不備が見つかって、ほんの少しでも恥をかくことがないように完璧な準備を心がけていたそうです。

その結果、先生や先輩に認められ、自信がつき、院生時代の人間関係を乗り切れたとユウくんは振り返ります。

6 就職、そしてつまずき――〝発達障害は治るのか?〟

大学院修士課程を修了してから、研究助手になりました。それも言ってみればストレートな就職でした。ユウくんの母親は、いつも何とかギリギリという状況で、結果的に場所が与えられてきたといいます。

修士論文も書き終えていますし、研究職の空気感はわかっているはずのユウくんでしたが、院生時代には見えていなかったピリピリした雰囲気の中、社会人一年目の試練がすぐにやってきました。

就職してまだ一か月そこそこの五月のことでした。仕事量が多く、疲れてきました。周囲の仕事仲間には助けてくれる人もいたのですが、女性のベテラン職員がユウくんには特に厳しかったといいます。ユウくんの苦手なタイプの人だったのです。そんな中、ユウくんは大きなミスをしてしまい、その人から激しい叱責を受けます。自分のミスとはいえ、叱責の仕方についてユウくんは自分なりの意見を伝えました。ユウくんらしい行動だと思います。心を伝え合い、心を交えるということを、無意識ながらいつも求めていたユウくんです。しかしユウくんの中で、その健全な自己主張と、それに耳を傾けてくれる相手かどうかの他者理解がかみ合わなかったのです。その女性職員からはヒステリックといえるほど、圧倒的な強い言葉をさらに浴びせかけられてしまいました。

ユウくんはついにダウンしてしまいます。職場に向かう途中で具合が悪くなり、動けなくなりました。自分のつらさを理解してほしいと思えば思うほど、本当に身体が動かなくなったのです。新しい環境への適応が難しかったというより、ユウくんにとって最大のダメージは「悔しさ」でした。浴びせられた言葉のひとつひとつが、ユウくんを蝕《むしば》んでいったのです。休職するほかありませんでした。

近所のクリニックで出た診断は、「適応障害」と「自閉症スペクトラム障害」でした。

適応障害とは、原因が明確なストレスによって不安や抑うつ気分が生じたり、行動に不適応反応が現れたりするもので、原因がはっきりしているため、ストレス因がなくなると症状は消えていくとされています。

もともと発達に偏った特性があり、生きづらさを抱えていた人が新しい環境等に適応できなくて、うつ病や統合失調症を発症することがあります。ユウくんの場合は、典型的な症状ではなかったので、医者はいずれの精神障害でもなく広い意味での「適応障害」と診断したのではないかと思われます。診断書には「復職にあたっては、本人の特性や能力に応じた環境調整等の勤務配慮が必要」と書いてありました。

◆大人の発達障害は治せる？

就職してからのつまずきで、初めて発達障害がわかったという人の話をよく耳にします。職場の理解を得るためには、まず診断書を持っていくこと、つまりカミングアウトが必要になります。

しかし、カミングアウトとはいっても、本人が発達障害について理解できていないと、当然、周囲の理解を得ることは難しいのです。就職して初めてわかったことですから、本人も親も混乱します。障害についての考え方や向き合い方にも違いがあるでしょう。まずは本人と家族が発達障害についてよく知ること、理解することから始めるのがすべてのスタートだと思います。

発達障害は脳機能の障害、生まれつきの生物学的な原因の障害なのですが、詳しいことはまだわかっていないので、原因もわかっていないものは〝治せない〟、よって〝治らない〟と心理職の私たちは理解していたように思います。脳の機能障害とは、脳が「十分に機能しないこと」「うまく働かないこと」なのですが、この原因論は、本人の「わがまま」や「努力不足」、親の「しつけの問題」ではないことを明確にしようとするものであったともいわれています。

しかし、精神科医の星野仁彦氏は「大人の発達障害は、治療可能」と述べています。*7 それは、ご自身の当事者としての体験と、精神科医としての臨床経験からも確信をもって言えることだといいます。そのためには、まず本人も周りの人たちも発達障害を正確に知り、理解すること、認め受け入れることが必要で、次に適切な薬物治療やカウンセリング等を受けるように勧めています。

児童精神科医で、発達障害の臨床の第一人者である杉山登志郎氏は、「子どもの発達の途上において、なんらかの理由により、発達の特定の領域に、社会的な適応上の問題を引き起こす可能性がある凸凹を生じたもの」と発達障害を定義し、発達障害の子どもたちも当然、日々発達していく存在であり、その過程で、凸凹や失調は全体として改善していくので、必ずしもハンディキャップをもち続けているとはかぎらないといっています。[*8]

同じく精神科医の青木省三氏は、発達障害に「治る」という言葉はふさわしくないといっていますが、その主張は前述の両氏と似ています。そもそも発達障害というのは病気ではなく、それは人のひとつの在り方、生き方に近いもので、発達障害であろうとなかろうとすべての人は発達していきます。ただ発達障害の人たちは周囲の人や環境の応援を得て、その人なりのスピードと道筋で、その人らしいゴールに向かって発達していくのだというのです。[*9] 周囲の理解と応援を得ることが重要なのです。

7 現在、これから——がんばれることとそうではないこと

ユウくんは、中学生だったときに、自分に「アスペルガー障害の疑い」という診断が出たことは知りませんでした。「今、自閉症スペクトラム障害という診断が出たということに関してはどう思う?」との質問に、次のように答えました。

どう思ったかについては、二つあります。一つめは、ショックでした。中学のときの診断は覚えてなかったですけど、今、診断を受けて、自分も障害者なんだなあというか、まあ、傾向があるということで、純粋にショックでした。二つめは、ホッとしました。病気だから、障害もっているんだから、休んでいいよねと思いました。努力が足りないわけじゃないとわかって良かったです。同じ職場の人でも、理解がありそうな人となさそうな人、両方いますね。場合によっては転職してもいいと思っています。がんばれることとそうではないことがあると実感しています。

ユウくんの母親は医療や福祉に詳しい人で、発達障害についてもある程度知識も理解もありました。「普通なら遠慮して取れない有給休暇を平気で取れる変な強さがあるとか、人の目を気にするけれど、自分を押し通すという二面性がある」とユウくんの特徴を客観的に受けとめています。母親の言葉には、常識的であってほしいという願いと、ユウくんなりの生活を送ってほしいという両方の思いが含まれているように感じられました。

わかりにくい狭間《はざま》の人に対しては、周囲もアンビバレントな感情をもちやすいと思われます。健康な人に見えるから怠けているように見える、自己主張もできるから言い訳に聞こえてしまうなど、障害理解や寛容な受け入れにブレーキがかかってしまう状況が発生するかもしれません。

大人になったユウくんへのインタビューは、「自分の将来、どうなっていくんだろう」という言葉で締められました。中学生のときにも同じ言葉が繰り返されました。「不安や疑問にキリがない」（母親の言葉）のかもしれません。現在も、そしてこれからも。ましてや「狭間《はざま》に生きる」ユウくんは、ユウくんなりの良い対人関係の在り方を新たに学習していかなければならないでしょう。自分理解を深めることや対人関係については、小学時代からサポートを受けてきたケンくん以上に、これからの学習やトレーニングが必要かもしれません。しかし、ユウくんのもっている高い能力を活かして発達障害について学び、その特性ゆえに苦しんでいる人を支援する人になっていくのではないかと期待しています。

＊大人の発達障害の人に必要な支援

発達障害の人の就労に必要な支援については、『ＬＤ研究第二十七巻第一号』の日本

ＬＤ学会第二十六回大会特集・大会会長講演論文[*10]に詳しく書かれています。この論文の中で、成人期の就労支援で対象となっている発達障害者は、自閉症スペクトラム障害であることが多い[*11]とあります。また、就労支援に必要な要素として、以下のことが挙げられています[*12]。

「見通しがもてる仕事を提供すること」
「同僚上司の理解ある受け入れ態勢」
「職場環境の構造化」
「長期的なサポート体制」

ある自閉症スペクトラム障害の診断を受けた発達障害の方の言葉から、理解を深めるために参考になる言葉をこの論文の中から取り出してみます。

定型発達の人が液体とすると、自閉症スペクトラムの人は固形である。液体は容器によって形を変えることができるが固形はできない。丸い固形を四角い容器に無理に入れようとすると壊れてしまう。よって、器を準備する。器がなければその丸い固形に合うような容器を作り出すことが必要である。

この論文の著者であり就労支援の専門家である梅永雄二氏は、これは国連障害者権利条約における「合理的配慮」にほかならないといいます。

「合理的配慮」とは、国連が生み出した新しい概念ですが、「障害者が他の者との平等を基礎として全ての人権及び基本的自由を享有し、又は行使することを確保するための必要かつ適当な変更及び調整」と条約（国連障害者権利条約）はうたっています。[*13] そして「合理的配慮」を提供しないことも「差別」に該当するとされています。[*14]

二〇一六年四月に「障害者差別解消法」が施行され、「合理的配慮」の提供がますます注目されています。「合理的」という言葉には、障害のある人と支える側とが交渉して「合意」していくことが大切であり、一方的な配慮や負担が大きくなることは合理的とは言えない、という意味が含まれるそうです。また本人の望まないことを提供しようとすることも支援とは言えないと、発達障害者支援法でも明記されています。

しかしながら、子どもの場合、本人が自分の必要をよく理解しているかといえば、そうではありません。自分だけ特別は嫌だ、取り出し授業は嫌だという子どもに対し、その心理的葛藤を理解した上で、親や教員がその特性と特別なニーズをどう説明していくか、情報をどう提示していくか、大人の側の働きかけが問われます。
以下は、学校教育における合理的配慮の例です。

合理的配慮の例（文部科学省、二〇一〇より抜粋[*15]）
〈共通〉
●バリアフリー・ユニバーサルデザインの観点を踏まえた障害の状態に応じた適切な施設整備
●障害の状態に応じた専門性を有する教員等の配置
●移動や日常生活の介助及び学習面を支援する人材の配置
●一人ひとりの状態に応じた教材等の確保（デジタル教材、ICT機器等の利用）
〈LD、AD／HD、自閉症等の発達障害〉
●個別指導のためのコンピュータ、デジタル教材、小部屋等の確保
●クールダウンするための小部屋等の確保
●口頭による指導だけでなく、板書、メモ等による情報掲示

合理的配慮は、自治体や各学校によって取り組みの進度に差はありますが、確実に一

歩ずつ進んでいます。今後、高校入試や大学入試において、どのような合理的配慮が提供されるかという点は、障害のある、あるいは障害の疑いのある本人また保護者にとって、大きな関心事であり切実に必要な情報でしょう。

文部科学省の指針では、「入学試験や検定試験において、本人・保護者の希望、障害の状況等を踏まえ、別室での受験、試験時間の延長、点字や拡大文字、音声読み上げ機能の使用等を許可すること[*16]」が挙げられています。

＊ 診断を待たずに支援

ユウくんがまさに典型的なケースですが、発達障害は連続的な事象であり、境界線が目に見える形で確認できません。「困り感」を抱えていそうな子どもは、特別な支援のニーズを抱えているということができます。教師や周囲の大人は子どものニーズへの感性を高めていきたいものです。合理的配慮を必要とする子どもを置き去りにしたくありません。

序文でも触れましたが、診断より支援を先にする「ＲＴＩモデル」(Response to Intervention ＝介入〔指導・支援〕に対する子どもの反応にもとづいて対応すること)

による支援は、鳥取市で始まっています。市内すべての小学一年生を対象に「ひらがな音読確認（鳥取大学方式）」を年三回実施し、支援の必要な児童を対象にタブレットを使用した音読支援を行います。この取り組みは、読みの困難さを早期に発見し、支援することで、就学初期の段階での読みのつまずきを小さくし、その後の学力不振や学校不適応の未然防止の一助とすることを目的としています。[*17] 二〇一四年から鳥取市全市内で、二〇一七年からは鳥取県米子市や倉吉市でも取り組みが始まったようです。

この鳥取大学小枝研究室が開発した支援は「T式ひらがな音読支援」と名前が変わり、二〇一七年には東京都でも、『通常の学級における個別指導――ひらがなの学習から児童を支える』、『「読めた」「わかった」「できた」読み書きアセスメント（活用&支援マニュアル）』等の冊子が出されています。

また、診断を待たずに支援する必要性については、発達障害の原因の多様性という観点からも、『発達心理学辞典』では次のように述べられています。

> 最新の研究では、発達障害は「多因子疾患」であり、複数の関連遺伝子と胎児期から出産後の環境要因などが複雑に関与しあって生じるものと考えられるようになってきている。その流れの中で近年においては、診断がついてから支援が始まるの

ではなく、その特性をもっている子どもたちへ早期から適切な支援をすることで、将来の適応の障害を防ぐことを目的とするという方向に対応や支援のありかたがパラダイムシフトしてきている。[*18]

文部科学省の「特別支援教育の理念と基本的な考え」[*19]には、「これらの幼児児童生徒についてては、障害に関する医学的診断の確定にこだわらず、常に教育的ニーズを把握しそれに対応した指導等を行う必要があるが、こうした考え方が学校全体に浸透することにより、障害の有無にかかわらず、当該学校における幼児児童生徒の確かな学力の向上や豊かな心の育成にも資するものと言える」（傍点、筆者）とあります。

診断がなくても、支援の必要な児童生徒には、個々のニーズに合わせた支援計画が立てられ実施されていく方向性が打ち出されています。しかし保護者の理解、同意が得られないと対応が難しくなります。発達障害にどのように向き合うかについては、五章で考えていきたいと思います。

個別の教育計画は、いわば「ひとりだけのための特注の容器」です。器に合わせて形を変えられる液体と比べて、固形は自ら変わることができません。その不自由さをいたわり、かつ固形の良さを生かしてくれる特注の容器作りには、労力も時間も費やすことになるでしょう。愛情なくして、そのような容器作りは長続きしません。

教育や産業の場では、法律や組織が容器作りを推進していきます。親子の間ではどうでしょうか。我が子を失ってしまうかもしれない恐怖と寝不足に耐えながら、いくつもの夜を過ごしたユウくんの両親には、夜中にも関わらず駆けつけてくれた人がいました。その支えがあって今のユウくんがいます。

ひところ、カサンドラ症候群[*20]の妻たちが話題になりました。夫婦間における発達障害の問題といえます。いちばん身近な人から共感を得られない苦しみは、問題を二倍にしていることでしょう。妻たち（あるいは夫たち）も、だれかの支えを必要としているのです。

容易にはわからないグレーゾーンを少しでも理解しようとすること、理解しようとしても理解できない家族の苦しみにも寄り添うこと、その人たちが自分色で輝くのを支援すること等を心に置きつつ、まずは、隣にいるその人がだれかの支えを必要としているかもしれないというまなざしを、自分の中にもつようにしたいと思います。

注

1 青木省三『ぼくらの中の発達障害』二〇一二年、ちくまプリマー新書、六五頁
2 杉山登志郎『発達障害のいま』二〇一一年、講談社現代新書、一九〇頁
3 フロイトの概念。心は「イド（本能欲求）、自我、超自我」の三つから成る。超自我は「～するべき」「～してはならない」など良心的働きをする心の機能。本能欲求に対して超自我が強すぎると自我は弱くなって心のバランスが保てなくなる。
4 青木省三、前掲書、二〇七～二一一頁
5 上野一彦『LD（学習障害）とディスレクシア（読み書き障害）――子どもたちの「学び」と「個性」』二〇〇六年、講談社＋α新書、一二三～一二四頁
6 尾崎仁・渡辺由香「自閉症スペクトラム児の自殺関連行動」二〇一六年、日本児童青年精神医学会『児童青年精神医学とその近接領域』五七巻四号、四八九～四九六頁
7 星野仁彦『発達障害に気づかない大人たち』二〇一〇年、祥伝社、二五頁
8 杉山登志郎『発達障害の子どもたち』二〇〇七年、講談社現代新書、四四～四五頁
9 青木省三、前掲書、五二～五三頁
10 梅永雄二「発達障害の人が大人になって幸せになるために――ライフスキルの支援を」（第二十六回大会特集・大会会長講演）二〇一八年、日本LD学会『LD研究』第二七巻、第一号、二～八頁
11 独立行政法人高齢・障害・求職者雇用支援機構　障害者職業センター研究部門、調査研究報告書№125「発達障害者の職業生活への満足度と職場の実態に関する調査研究」二〇一五年

12 Keel, J. H. Mesibov, G. B. & Woods, A. V. 1997: TEACCH-Supported employment program. *Journal of Autism and Developmental Disorders*, 27, 3-9

13 日本教職員組合障害児教育部編『特別支援教育からインクルーシブ教育へ――実践のための提案と指針』二〇〇七年、アドバンテージサーバー、一二頁

14 清水貞夫・西村修一『「合理的配慮」とは何か?――通常教育と特別支援教育の課題』二〇一六年、クリエイツかもがわ、七頁

15 文部科学省ＨＰ、「合理的配慮」の例。http://www.mext.go.jp/b_menu/shingi/chukyo/chukyo3/044/attach/1297377.htm

16 文部科学省ＨＰ、「文部科学省所管事業分野における障害を理由とする差別の解消の推進に関する対応指針」(別添一・「対応指針」ＰＤＦ、一一頁)

17 鳥取市教育センター・発達障害教育推進センター icedd.nise.go.jp/pdf/event/tottori-city_20160201.pdf

18 日本発達心理学会編『発達心理学事典』二〇一三年、丸善出版、二二一頁

19 文部科学省ＨＰ、特別支援教育を推進するための制度の在り方について(答申)、「第二章 特別支援教育の理念と基本的な考え」http://www.mext.go.jp/b_menu/shingi/chukyo/chukyo0/gijiroku/attach/1346293.htm

20 配偶者が発達障害で、その言動に振り回され、自分の気持ちには寄り添ってもらえない。そんな閉塞感や疲弊の中で、うつ状態など精神的サポートが必要になる状態のこと。

三章　綾ちゃん　発達障害と認知できないまま二次障害を生じた二十代女性
――AD/HD、自閉症スペクトラム障害、境界知能（軽度知的障害）、統合失調症

1　綾ちゃんの家庭と幼少期・学童期

綾ちゃんは、開業医の娘として生まれました。初めての女児誕生に、家族はとても喜びました。七歳上に兄がいましたが、この兄は知的にも運動にも能力が高く、だれからも愛される子どもでした。綾ちゃんも兄に勝るとも劣らない愛情を注がれて育ちました。それぞれの愛情は深いものでしたが、綾ちゃんの家庭は少し複雑でした。

祖母は綾ちゃんの母をあまり好きではなく、いわゆる嫁いびりが続いていました。綾ちゃんの母は、義父母の期待に応えようと一生懸命になりすぎて、綾ちゃんがまだ赤ちゃんのころにうつ病を発症します。綾ちゃんは母にしがみつくように幼少期を過ごしましたが、綾ちゃんに対する母の表情は乏しく、声かけや遊びも「動」というより「静」の状態であったといいます。そのような環境から、綾ちゃんの言葉が遅くても、周りの子どもに比べておとなしくても、それは環境因と性格からであって、何も問題はないと思われていました。

父親は医師としての仕事が忙しく、共感者として母を支えるよりは、祖父母と歩調を共にしていました。父親の弟、綾ちゃんの叔父さんは自閉症で、長い間施設で暮らしており、祖父母と父には、叔父さんの存在ゆえの負の結束のようなものがありました。

保育園のころは、近所のお友だちが綾ちゃんの家に集まって遊んでいたので、友だちができないという心配は両親にはありませんでした。しかしよく見ていると、綾ちゃんは、その数人の友だちの中に溶け込んでいるともいえない、とにかくおとなしい子どもだったそうです。

小学校低学年のころは、なんとなく溶け込めていない感じはあったのですが、小学三年のときに始めたダンスがきっかけで、顔の表情も明るくなっていきました。ダンスの先生と仲間たちが綾ちゃんをとてもかわいがってくれて、その関わりの中で綾ちゃんは元気になっていったのです。

小学校高学年の担任の先生は体育会系でした。綾ちゃんは大きな声や怒鳴り声がとても苦手で、威圧的と感じた大人には心を開くことはありませんでした。綾ちゃんの表情はどんよりとなり、勉強もついていくのが難しくなりました。綾ちゃんにとっては良い関わりが元気の源で、勉強も意欲も表情も、周囲との関係性が鍵を握っていました。

◆小学三年生、「WISK－Ⅲ　知能検査」の被験者に

当時、まだ大学院生だった私は、実習先クリニックの院長の友人だった綾ちゃんの父親と知り合います。両親の了解を得て、私自身の夏休みの課題であった「WISC－Ⅲ知能検査」を実施させてもらいました。その結果、綾ちゃんの言語性IQは九四、動作性IQが七二、全IQは八二で、知能は平均の下か、誤差を考えても「境界知能」でした。境界知能とは、知的障害と正常知能の間にあって、どちらともいえないというものです。いわゆる境界知能であるIQ七〇～八五の人は、人口の一四パーセント近くに該当するそうです。*1

言語性ＩＱと動作性ＩＱの差を「ディスクレパンシー」と呼び、この差が十五以上ある場合に発達障害の疑いが強いといわれていました。現在では、この差ではなく（ＷＩＳＫ－Ⅳには存在しない）、四つの指標得点や下位検査の凹凸に注目するようになっています。ちなみに、綾ちゃんは「知覚統合」の数値が特に低いという結果でした。

いずれにしても綾ちゃんは、学習や生活場面での困り感が強かっただろうと想像できます。しかし院生だった私の意識は、支援よりも検査の適切な実施と正確な採点ができたかどうかということに終始していました。

2　つまずきの始まり「勉強がつらい」「友だちがいない」

綾ちゃんが中学一年のとき、部活での人間関係のトラブルから登校渋りが始まりました。クラスにも入れなくなりました。母親は困惑し、母子の間には、引っ張ったり引っ掻いたりの小競り合いがあったようです。綾ちゃんの腕にみみず腫れを見つけたこともありました。どこの家庭でも、不登校の始まりは同じような光景が展開するのだろうと想像できます。

また学習面にも深刻な困難を抱えていました。私は家庭教師、兼〝体験カウンセラー〟として綾ちゃんと再会しました。勉強を教えることのほかに、一緒に外出していろいろな体験をさせ、その様子を記録して両親にフィードバックする役割を担っていました。

綾ちゃんには友だちがいませんでした。遠足に行っても集団に入れないで、お弁当も食べないまま帰って来たこともあったといいます。友だちができない綾ちゃんを心配して、母親は児童相談所にも行きます。しかし、嘱託医は綾ちゃんを見て、誉めてくれました。「いい子じゃないですか、綾ちゃん。大丈夫ですよ」と言ってくれました。両親はその言葉が嬉しかったのです。そして、その言葉を信じたのです。

本人からは「小学校五年生ごろから勉強がつらくなった」という言葉が聞かれました。いわゆる「九歳の壁・十歳の壁」にぶつかったまま乗り越えられず、彼女はひとり苦しんでいたのです。「勉強で苦しんでいたことを両親は知っていた？」と聞くと、「たぶん知らなかったと思う。家は問題がいろいろあるから。でも、学校の先生は気がついていたと思う」と答えました。「何もやる気が出ず、どうにでもなれという気持ちになった」と綾ちゃんは言っています。

正の数・負の数を一緒に勉強したときには、（+13）＋（+18）を、何回やっても（+13）＋（−18）と置き換えてしまい、答えは−5になるのです。小学三年生のときの全

IQの数値からは考えられない学習困難でした。綾ちゃんには、自分の中にルールがあって、そのルールにこだわっているかのようにも見えました。

友だちがいないことや家庭問題から悩みが膨らみ、うつ状態で学習に集中できなくなったとも考えられました。学習におけるいちばんの問題は、「集中力のなさ」だったのですが、それが心理的原因だけによるのか、「不注意型のAD／HD」（AD／HDは不注意型と多動性・衝動性型が存在する）であるのかについては、学校側は後者を否定したようです。

当時の私の記録には、「中学校校長等の意見・考えは、本生徒を発達障害の視点ではとらえないということであった」と書いてあります。その理由として、「発達障害の診断は医師にとっても困難であり、たとえ診断が出たとしても、〝障害〟という名のゆえに地域や仲間から馬鹿にされてしまう可能性が高く、本生徒にとっては支援を得られるどころか、レッテル貼りをされたうえにますます地域や友だちから〝浮いてしまう〟リスクが高い」と記されています。この差別意識への懸念は学校というよりは、両親のものであっただろうと思います。

また、「家庭がいちばん。彼女が元気になるためには家庭が変わるべき」という周囲の言葉にも説得力があり、両親からも発達障害という視点は抜け落ちていきます。

3 「不注意」と「社会性」の問題

不登校になった綾ちゃんを連れて、私は夏休みに十日間の合宿に出かけました。合宿体験を通して顕著だったことは、「不注意」と「社会性」の問題でした。

不注意の問題としては、電車に乗ると切符をなくす、ふと足の爪を見ると左足だけ切り忘れている、二パック箱に入って売られている桃を一パックだけ買物かごに入れようとする、バスを待っていて買物袋が重くて路上に置くと、それを置いたままバスに乗ろうとする、買物をしていても手荷物を下に置いて商品を見ているとその手荷物は忘れる、自分のタオルと他者のタオルを間違えて使う等々。

学習場面では、一つめの問題の説明をし始めたばかりなのに、もう目線が他に移っており、聞いていないことが何度もありました。「綾ちゃん、綾ちゃん。ほれ、ここ、ここ」と注意を引きつけてから説明を続けますが、心ここにあらずといった感じでした。音にも敏感に反応し、ドアの開け閉めの音には毎回振り返り、隣にいる他生徒の声にもすぐに反応していました。

社会性の問題としては、電車の中でミニスカートなのに足を広げて座る、自分のバッグが人に当たったり座席を広く占領したりしても気がつかない、食堂で他の人がテレビを見ていても自分が見たい番組がなかったらそっと消してしまう、偏食が多い、ご飯をぽろぽろ落としたり音を立てて食べたりする、箸をくわえたまま立ち上がる、汚れた衣服をきれいな衣服の上に脱ぎ捨てる、濡れた布巾の上に平気で物を置いたりする、語彙力のなさ（「紺色」、「生理用パンツ」等が理解できなかった）、お金に対する異常な執着、ルールを守る意識が希薄（シートベルトを着用しない）等々。社会性の問題というよりも、生活習慣の問題だともいえなくもありません。しかし、生活習慣の問題だといってしまうと、親のしつけの問題ということに結びついてしまう懸念が生じます。

私に何かできなかったか、だれかもっと何かしてあげられなかったかと、考えずにはいられません。自閉症スペクトラム障害の社会性の問題、AD／HDの不注意という視点からの支援が早期から始まっていたとしたら（綾ちゃんに真実の居場所があったら）、綾ちゃんに二次障害は生じなかったのではないかと考えてしまうのです。

◆綾ちゃんの特徴その他

視覚過敏のためなのか、窓のカーテンはいつも閉じられていました。聴覚過敏のためなのか、テレビをつけても消音のままにしていました。それが感覚過敏なのかどうかについても、はっきりしません。カラオケの音量は大丈夫そうですし、開けないカーテンは心理的なものなのかもしれません。綾ちゃんの特性は、わかりづらいものでした。

ぶつぶつ「独り言」を言ったり、ニヤニヤ「思い出し笑い」をしたりすることがあり、周囲の人から引かれました。これは統合失調症の幻聴や妄想の症状と似ています。

自閉症スペクトラム障害の特徴として「こだわり行動」が挙げられます。たとえば、アニメや漫画などのファンタジーに対して異常なほどの没頭を示すこともこだわりのひとつで、これは「ファンタジーへの没頭」[*2]といわれます。綾ちゃんの独り言や思い出し笑いの背後に、どんなファンタジーがあったのかわかりませんが、統合失調症の症状とは違うものだったと思います。綾ちゃんのそういった特徴を、私を含め大人は気にしていませんでした。そういえば、綾ちゃんはディズニーのアニメや「クレヨンしんちゃん」が大好きで、二十歳を越えてもくり返し観ていました。

また、綾ちゃん独特の「しかめ顔」も、自閉症スペクトラム障害の症状のひとつだったのかもしれません。精神科医の杉山登志郎氏は「『緊張病症候群』として知られる、拒絶、ひねくれ、しかめ顔などを示す自閉症スペクトラム障害も稀ではない。これも一般的には青年期から突然現れるものではなく、またその一部（たとえば、しかめ顔）はチックとしてとらえることが可能である」[*3]と言っています。

しかし、それ以外には目立ったこだわりや症状はないようにも見えましたし、いわゆる空気を読むこともできたと記憶しています。母親が電話をしている相手がだれだか、話の内容で推察することができるし、その電話の内容がトラブルめいたものである場合、綾ちゃんにはそれもわかります。人間同士の仲の良さ悪さには敏感なところもあります。かたや、言葉を字義どおりに受け取る場面はありました。

「ねえ、綾ちゃん。綾ちゃんは人との距離が近すぎるところがあるよね。」

「ああ、うん。私、目が悪いから人のすぐ近くまで行ってしまうの。」

このようなかみ合わない会話が幾度となく、くり返されてきたのでしょうか。しかしこれもまた字義どおりの受けとめなのか、単に慣用表現を知らないだけなのか、曖昧な場面です。

4　寂しさを埋める手段は……【高校時代・専門学校時代】

綾ちゃんは何とか高校に入学しましたが、相変わらず親しい友だちはできなかったようです。寂しさを埋めるようにネットに依存していきました。綾ちゃんの寂しさは、「ひとりぼっちの寂しさ」というだけのものではありません。何をやっても満足できる手応えがなく、自己肯定感は甚《はなは》だしく希薄で、自分はとても不確かな存在で、自尊心はその不確かさをカバーするほどもない、そんな高校時代。

多くの高校生は同じ悩みをもっていて、同級生やクラスメイトの中で話せる相手を探そうとします。しかし綾ちゃんは友だちが探せません。どうやって友だちを作っていいのかわかりません。少し優しくされると、ずっとその人の後について行ってしまい、距離感がわからず、パーソナルスペースがとれず、結果、相手は綾ちゃんから離れていってしまうのです。

やがてネットで興味あるものに出合います。もともと自分の興味あるものにはまっていく傾向がありました。下着姿の写真をネットにあげてしまったり、ネットで知り合った中年の男性とホテルで会ってみたりということが起こってきます。そして、停学になりました。停学中に綾ちゃんは自ら退学届を出して、通信制の高校へ転学します。同じような背景で転校する高校生はめずらしくはありません。

何とか通信制高校を卒業して、看護系の専門学校に入学しますが、この環境の変化は綾ちゃんにとって耐えがたいもので、適応できずに半年で退学することになります。

それからまたネット依存、出会い系での出会いと進みます。あるとき、すでに家庭教師はやめていた私に両親から電話があり、どうしても今夜会ってほしいというので、自宅を訪ねると、綾ちゃんは布団にくるまっていて出てきません。布団を取ると、男性が一緒に隠れていました。ネットで知り合った男性だといいます。子どもの言いなりになってしまう親も少なからずいますが、ここまで深刻な事態になっているのに、どうして両親は綾ちゃんのネット使用を制限しないのかと、不意に呼び出された私は疑念と憤りと無力感の中、その夜を過ごしたことを覚えています。

5　ひとり暮らし「仕事しなきゃ！」の声が響く

綾ちゃんは真剣に就職を考えて、ひとり暮らしを始めます。親から離れて自立しなければならないという思いと、喧騒の絶えない家から離れたいという思いもあったのでしょう。「仕事しなきゃ！」いつもそう自分に言い聞かせていたようです。しかし、自分の特性や適性について、綾ちゃんはあまり客観的には認知できていません。まるで大きな暗闇に小さな懐中電灯だけ持って、駆け出したような新生活でした。

いろいろなアルバイトに応募しますが、ことごとく断られます。ひとつの拒絶だけで人はどんなに落ち込み、自分をダメ人間だと思い込んでしまうことか！　そういう意味で、綾ちゃんのがんばりには頭が下がります。やっと採用されたファミリーレストランでは、綾ちゃんの不器用さに罵詈雑言が飛びます。「そんなこともできないのか！」「そんなことも知らないのか！」　綾ちゃんはそれでも必死に〝働く〟ということを目指します。居場所が欲しかったのです。

このころ、異性関係で深い傷つきを体験することになります。合コンで知り合った男性とSNSでつながっていました。じつは、ひとり暮らしのきっかけはこの男性でした。男性と一緒に暮らすつもりで家を出たのです。「まさか本当に来るとは思わなかった」と言われました。とりあえず合鍵を作り、生活はスタートしたかのように思えましたが、すぐに鍵は替えられ、綾ちゃんは追い出されてしまいます。自分のマンションもありましたからそこに戻り、傷ついたまま、何が起こったのかわからないまま、携帯に何度も電話するのですが、つながりません。

後に、母親が綾ちゃんのバッグの中の紙切れに気づき、綾ちゃんを問いただします。それは、綾ちゃんの血の指印が押された誓約書でした。〝二度とストーカー行為はしません〟と。綾ちゃんはマンションの部屋で、きっと横になったまま涙を流したことでしょう。涙が耳の中に流れ落ちたことでしょう。

ひとりぼっちの寂しさは、パーソナルスペースを保てなくて不健康な関係性しか築けませんでした。綾ちゃんだけではありません。だれもが他者の気持ちを計り知ることは難しいものです。常に健康的な対人関係を築ける人は、世の中にだれひとりいないでしょう。しかし、綾ちゃんにはより適切な〝助け〟が必要だったのです。

やがて声が聞こえ始めました。天井の向こう、マンションの上の住人の声です。「何もせずにブラブラ」、「仕事しないと！」　その声は、外では聞こえなかったといいます。家の中にいると「何かしないといけない」、「仕事しないといけない」と聞こえてきます。何もしない自分の悪口を上の住人が言い始めたといっています。その声はたぶん綾ちゃん自身の声であったと思います。

◆ハンディキャップの〝見過ごし〟から〝重篤化〟へ

「特別支援教育におけるスクールカウンセラーの役割」を論じた加藤哲文氏は、比較的小学校期まではそれほど大きな問題が生じない子の場合は、一時も目を離せないようなケースではないので、教師も保護者も障害の特徴を理解した適切な対応ができず、ハンディキャップが見過ごされてしまうといいます。しかし思春期以降は、もともともっている障害要因に加えて、思春期の不安定さが本人を追い込み、さまざまな問題へと発展すると述べ、次のように続けます。

目には見えないが、彼らの精神面・心理面には、重篤・複雑化して問題が蓄積されてきているのである。……（教師達は）、心理的に〝追いつめられた〟、〝やり場のない〟状態になかなか目を向ける機会がない。このような心理的に厳しい状態によって、彼らは不適切行為を起こさざるを得ない状況に追い込まれているのである。……彼らの二次障害は〝自尊感情が非常に低下している〟ことから重篤化していく。*4

綾ちゃんのハンディキャップがどんなものだったのか、どんな支援が必要だったのか、両親にも学校にもわかりませんでした。きっと正解をもっている人はだれもいません。しかし、この加藤哲文氏の言葉が、綾ちゃんのことを説明してくれているように響くのです。

6　入院と診断「えっ？　知的障害？」

両親は綾ちゃんを自宅に連れ戻り、精神科クリニックを受診します。最初は処方された薬の副作用が強く出ました。突然飛び出したり、イライラがひどくなったりしたので、薬の種類を替えてもらいました。幻聴が聞こえると、大声で叫んだり物を投げたりして暴れるようになったので、系列の病院に入院となります。

綾ちゃんへの適切な診断と治療のため、私も情報提供書を作って、病院へ持って行ってもらいました。発達障害の可能性があるということ、心理的に大きな負荷がかかっているということ、居場所の提供が何よりの治療のように思えるということを書きました。

病院は、「発達障害八割、統合失調症二割」の可能性と診断し、「ＷＡＩＳ－Ⅲ知能検査」が実施されます。私もその実施を希望していましたが、医師でもある綾ちゃんの父親は、幻聴や妄想がある程度おさまっていたとはいえ、統合失調症も疑われる状況下での検査の実施に疑問をもちます。

結果、知的障害という診断が出ました。「統合失調症の可能性はあるけれど、知的障害です。発達障害ではありません。」その言葉がそのまま両親にインプットされます。

「知的障害であって発達障害ではない」という、知的障害と発達障害を明確に別のものとする言い方への違和感がありました。特別支援教育において両者は明確に別の施策となりますが、学習障害の傾向もあり、注意の問題もあり、それらが合わさって知的な問題となっている、という子どもも少なからずいますし、検査者のフィードバックはいくつかの可能性を含んだ、フィードバックされる側の心理的なものへの配慮も合わさったものでありたいと思います。

医師のこの言葉は、再度、綾ちゃんの両親の目を発達障害からそらさせます。綾ちゃんの両親には、まだすべての病気や障害を否定したい気持ちがあったのだと思います。知的障害だから処方される薬はなく、抗精神病薬は効きすぎるだろうからという見立てもあって処方されませんでした。

両親の病院への不信感はつのり、綾ちゃんの幻聴は続いていましたが退院させ、通院となります。軽い薬（抗不安薬）が処方されたのですが、綾ちゃんは幼少期から頑固に薬を飲まない子どもでした。医師の家でしたが、無理やり飲ませるということはこの家にはなかったように思います。幻聴はやまず、ついに父親は薬を徹底して飲ませることにします。

初めは「仕事もせずにブラブラしている」という自分への悪口だった幻聴は、今度は、家の周囲の人が覚醒剤をやっているという妄想に変化していきました。綾ちゃんの中で、だんだんと覚醒剤患者が増えていきます。具体的な名前があがり、地域が広がり、やがて町全体の人が覚醒剤をやっているから警察に通報しなければ！　と騒ぎだします。

綾ちゃんは統合失調症という病気も、薬を飲むことも、心の中では受けつけていませんでした。「なんで薬を飲まなきゃいけないの？　ただ一時的に不調なだけなのに。なんで統合失調症って病名をもらわなきゃいけないの？」と不満いっぱいでした。その不満もある意味抑えつけられ、薬への強い抵抗が、覚醒剤妄想につながったのではないかとも思えました。もはや突拍子もない話を作り出すこと以外に、だれも自分を抱きとめてくれないという深い孤独と愛情希求を感じました。

その後、病院を替えることになります。綾ちゃんの父親は、もっと家から通いやすい病院を選びました。私も、綾ちゃんが落ち着いて居場所を探していくなら、家から近いほうがいいと思いました。

その病院で、綾ちゃんは閉鎖病棟に入れられます。大声をあげたり、看護師を叩いたりしたといいます。仕事帰りに一度、私もお見舞いに寄りましたが、綾ちゃんは「帰りたい、パパとママが私をここに入れた」と泣いていました。両親に見捨てられたような深い悲しみが伝わってきました。しかし、しばらくすると「がんばるね」と、見舞いに来た両親の帰り際に、けなげに伝える綾ちゃんに変わっていました。

綾ちゃんはがんばりました。両親も心を鬼にして治療を優先させました。この病院では、発達障害の判断はひとまず横に置き、統合失調症の症状を抑える治療が続けられました。

◆発達障害と精神疾患

精神科医で、青年期・精神療法のスペシャリストである青木省三氏は言います。

統合失調症と発達障害を区別するのではなく、発達障害の傾向を持っている人に、環境的ストレスが加わり、広い意味での適応障害としての、統合失調症のような症状が生まれてくると考えるほうが、現状に合っているように思う。すなわち、「発達障害の傾向を持っている人に、負荷が加わり、非典型的な統合失調症のような症状を呈している」と考えたい。……青年期・成人期に、危機やストレスに反応して起こってくる二次的な精神症状は、あくまでも広い意味での適応障害と捉えるべきである。不安、抑うつ、解離、強迫、幻覚妄想、などの複数の症状が同時に出てきやすいが、いずれも典型的な症状ではないことが多い。又、しばしば環境の負荷に反応するように急に現れ、負荷がなくなると急速に消退する傾向がある。＊5

統合失調症か、発達障害か。今となっては診断名はどうでもいいから、娘の病気を治してほしい、娘に笑顔が戻り、社会生活をさせてやりたいという思いでいっぱいの両親は、どんな環境が負荷が大きいのか、どんな環境を用意してあげたらよいのか、初めから整理していく必要を感じています。

「診断については、発達障害と精神疾患の両方の可能性を考えながら、経過の中で明確にするような姿勢」をもつ医師が必要だと思います。

発達障害と精神疾患について、青木氏はこのようにも言っています。

　両者は本当に弁別できるのだろうか？　このような場合に求められている判断は治療は何だろうか？　僕は、弁別によって治療は大きく異なるものではなく、基本は同じであると考えている。まずすることは、安全で安心できる人と環境の中で、ゆっくりと休養する体制を整える（こと）。

最近、スーパーマーケットでのアルバイトに面接希望の電話をしたようだと、母親から聞きました。就職活動をまたひとり、衝動的に始めたのかもしれません。

綾ちゃんに安全で安心できる人と居場所を！　また、一人だけで求めてさまようのではなく、助けを求めることができるようになってほしいと思います。

7　今とこれから――優先させるべきものは……

今、綾ちゃんは退院してデイケアに通っています。統合失調症の陽性症状（妄想、幻聴）も陰性症状（感情鈍麻、意欲の貧困）も認められます。「死ね」などの悪口（幻聴）がまだ聞こえますし、会話も途切れ途切れ、動作は緩慢。何より表情が乏しいのが家族にとっては悲しいことです。でも、薬は自ら服用できるようになりました。眠れないときの頓服も、自分でコントロールできるようになったといいます。

一年前に「綾ちゃんの願いは何？」と聞いたときには、「幸せになりたい」と切ないほどに、質問者の私にすがるように答えました。一年経って、「これからどうなりたい？」と聞くと、「普通で、結婚したい」と答えました。綾ちゃんにとっての幸せは、ひとりぼっちではなくだれかと仲良く生きることです。居場所が欲しいのです。

綾ちゃんに病識はありませんし、障害も自分とは関係ないといいます。病識のあるなしは別問題で、じつは綾ちゃんにとっていちばんの課題は、綾ちゃんの中にある病気や障害に対する差別意識のようなものなのではないかと感じることがあります。それは綾ちゃん個人のものというより、何代か続いた開業医の家庭という環境が培《つちか》ったものであるのかもしれません。綾ちゃんが赤ちゃんのころ、うつ病になった母には、子どものために十分に動けなかった自分への責めも劣等感もあるでしょう。劣等感や無意識の差別心に寄り添いながら、綾ちゃんを今まで以上に理解し、具体的な支援を得るために、もう一度初めからもともとの特性や二次的に生じた障害について（発達障害、知的障害、統合失調症も含めた）綾ちゃんの全体像を見立ててくれる信頼できる医療関係者等（「チーム医療」）の支援を受けることがまずは第一に望まれます。

同時に優先させるべきは、綾ちゃんとできるだけ多くの時間を過ごすこと、そしてしっかり見つめてあげること。そのために「チーム福祉」あるいは「チーム地域」を開拓し、綾ちゃんの居場所づくりをしてあげることです。争いの多かった両親は、綾ちゃんの安心できる居場所ではありませんでした。綾ちゃんにとって、いちばんの理解者・居場所となるべく、両親の〝今〟もあります。

＊診断へのアクセスの失敗を越えて

綾ちゃんの場合、中学生の時に学校や児童相談所の嘱託医により、発達障害が事実上否定されています。困り感を抱えて相談に行ったものの障害が認知されず、受診したものの障害が否定され、成人期に初めて診断がつく人が少なくないといわれます。

児童期から発達障害の特性がありながらも、それらが目立たないため周囲から見逃されストレス状況で自閉症スペクトラム障害特性が明らかになる事例がある。……我々の調査では、発達期に専門家に相談したにもかかわらず発達障害の存在が否定される事例が多いこと、医療機関によって診断が異なることへの不満や混乱、診断に関する説明が乏しいことや明確に診断を伝えられなかったことへの不満を訴える人が多い。[*6]

たとえ成人期であっても、発達障害を診断することは重要であるとの記述を、次に引用したいと思います。

……自閉症スペクトラム障害には特有の認知特性があり、その特性を周囲が理解するかしないかで彼らの社会適応やＱＯＬ〔生活の質〕には大きな影響がある。自閉症スペクトラム障害やＡＤ／ＨＤの特性は、その人の生活場面全般に影響を与えるが、さまざまな支援手段がある。したがって、たとえ成人期であっても発達障害を診断することは重要であり、「手遅れ」だから意味がないということではない。……（自閉症スペクトラム障害の人の）孤立・孤独への不安は、すべての年代でみられる。……では、成人期以降の発達障害の人にとって必要な支援はなんだろうか。
彼らの悩みは多様である。支援として重要度の高いのは情報提供であろう。診断・評価を告げ、自閉症スペクトラム障害やＡＤ／ＨＤの特性を本人・家族に説明する。そして特性に基づいた「生き方」について現実的な方法を提案していく。その際に苦手な項目などのネガティブな点だけではなくポジティブな特性を明示して説明する。精神科的合併症がある場合は合併した精神科的状態と対処方法について説明する。さらに福祉制度についても情報がない人が多いので年金、精神保健福祉手帳、就労支援制度などを説明する。
目標はＩＱアップや自閉症特性の軽減ではなく、生活の質をあげ、その人らしい生き方ができることのサポートである。[*7]
医学博士で大学教授でもあり、私の恩師でもある五十嵐一枝氏は、我が子の発達のスピードがほかの子どもたちと差があることを親が客観的に認め、「いつかは追いつく」、「普通になる」という幻想を捨て去るまでじっくりとつきあうことが肝要であるといいます[*8]（知的障害の子どもの親への支援・カウンセリングについての言葉）。院生時代教えを受けたことのある精神科医の山崎晃資《こうすけ》氏は、発達障害の子どもをもつ親には踏ん張りどころが何回かは訪れる、いざというとき、踏ん張れる親になろうといいます。

子どもが一進一退するたびに、親は一喜一憂し、精神的に疲れてしまうこともあるでしょう。そうした段階を経て、親は子どもの障害を受容できるようになっていきます。そして、目の前の課題に背伸びして取り組むのではなく、将来を見通した現実的な対応をしようと思い始めるのです。こうしたつらい道のりも、母親と父親がしっかりと手をとり合い、いざというときに逃げない覚悟をもって、学校や医療、福祉と連携していけば、なんとか歩んでいけると思います。[*9]

＊境界知能の子どもへの支援について

もうひとつ、綾ちゃんを理解するために重要なテーマは、「境界知能」という点です。

杉山登志郎氏によると、「小学校中学年から高学年にかけて節目があり、ある者は小学校高学年では遅滞レベルとなり、ある者は知能指数が上がって正常知能になってゆく。この違いは、学校の勉強状況によって変わる。極端な言い方をすれば、小学校低学年から中学年にかけて、きちんと学習の成果が上がった者は知能指数も上がり正常知能の範疇に加わってゆくが、何らかの要因によって学習の成果が上がらなかった者は知能指数も下がり、遅滞レベルに陥るのである。……境界線知能においては、知能指数の値が決して固定的なものではないことをわれわれは銘記する必要がある」[*10]といいます。

綾ちゃんからの聞き取りや一緒に勉強をしたときの様子から、綾ちゃんが境界知能であった可能性は高かったのではないかと思われます。

境界知能の子どもたちは学習の理解に時間がかかるため、「学習遅《ち》進《しん》児《じ》」(slow learner)と呼ばれることもあり、学習不振のかなりの部分を占めるといわれます。[*11]学習不振以上に、傷つき体験や自己肯定感の低さから二次的に形成される不適応行動が深刻です。それらを防ぐことのほうが大切だとも指摘されます。

境界知能の子どもたちには特別なニーズがあり、特別支援教育の理念からすると、その支援の対象にされるべき子どもたちなのですが、学校現場でこれらの子どもたちへの支援についての文書通達や組織的な支援として検討されている姿はあまり見られません。

クラスの中に環境因も含めた学習困難の子どもは割合多くいて、境界知能の子どもとして取りたてなくても、教師たちは境界知能の子どもも含めた生徒一人ひとりのニーズに対して日々工夫し、指導しているのだろうと思いたいです。

知的障害を伴わない発達障害が「軽度発達障害」と言われたこともありましたが、「軽度」とつくことで「軽い障害」と誤解され、支援が実施されない実態が上がり、二〇〇七年、文部科学省は「原則として軽度発達障害という表現を使用しない」と通達を出しました。

境界知能の子どもたちにも特別なニーズがあり、決して「軽度」として見過ごされることがないように、まだまだ法律や決まり事の「真空地帯」[*12]で支援を得られない子どもたちがいるとしたら、一日も早く、これらの子どもたちへの支援に手を差し伸べていきたいと思います。

注

1　資料によって数字にはばらつきがある。緒方康介「境界知能児におけるWISC－Ⅳモデルの因子不変性」（『教育心理学研究』六五巻、四号）によるとIQ七一～八四で約一一・六%。しかしDSMの改定によりIQ七一～八四の定義は不明瞭になり、IQ七〇～七九（六・七%）だとする資料もある（柘植雅義・渡部匡隆・二宮信一・納富恵子『はじめての特別支援教育〔改訂版〕――教職を目指す大学生のために』二〇一四年、有斐閣、一九八～一九九頁）。その他IQ七〇～八五＝一三・五九パーセント（『LD研究――研究と実践』第二七巻第一号、二頁）。IQ七〇～八四＝一四パーセント（杉山登志郎『発達障害の子どもたち』二〇〇七年、講談社現代新書、五九～六〇頁）

2　山本真由美「幼児期に自閉症と診断された女性の事例――想像上の仲間か、解離性障害か、ファンタジーへの没頭か」二〇一三年『徳島大学人間科学研究』第二一巻、一一～一二頁

3　杉山登志郎『発達障害のいま』二〇一一年、講談社現代新書、二〇九～二一〇頁

4　加藤哲文「特別支援教育におけるスクールカウンセラーの役割」二〇〇九年、上越教育大学心理教育研究相談研究編集委員会編『上越教育大学心理教育研究相談研究』八号、九七～一一一頁

5　青木省三『ぼくらの中の発達障害』二〇一二年、ちくまプリマー新書、一三一～一三八頁

6　内山登紀夫・川島慶子・福留さとみ・志賀利一「大人の発達障害の課題と支援――中年期から老年期まで視野にいれて」二〇一八年、日本ＬＤ学会編『ＬＤ研究――研究と実践』第二七巻第一号、四一頁（四〇～四六頁）

7　同書、四二～四五頁の抜粋

8　五十嵐一枝・次良丸睦子『発達障害の臨床心理学』二〇〇二年、北大路書房、二九頁

9　山崎晃資『発達障害と子どもたち――アスペルガー症候群、自閉症、そしてボーダーラインチャイルド』二〇〇五年、講談社＋α新書、一八七頁

10　杉山登志郎「境界線知能――遅れと普通のあいだ」二〇〇四年『そだちの科学』十月号、№3、日本評論社、三四頁（三一～三五頁）

11　柘植雅義・渡部匡隆・二宮信一・納富恵子、前掲書、一九八～一九九頁

12　上野一彦『ＬＤ（学習障害）とディスレクシア（読み書き障害）――子どもたちの「学び」と「個性」』二〇〇六年、講談社＋α新書、一五九～一六一頁。アメリカにおける障害児教育の原点であり個別教育計画（ＩＥＰ）の根拠ともなっているメインストリーミング法の施行当時の実情として、制度の移行期に子どもが犠牲になる実態を「真空地帯」と表現した。（出典：トリイ・ヘイデン『よその子――見放された子どもたちの物語』一九九七年、早川書房）

四章　透《とおる》ちゃん

発達障害という概念に無縁で大人になった女性アーティスト
——LD（学習障害〔算数障害〕）

1　透ちゃんの名前と〝自分色〟

四番目の物語の主人公は、現在二十代半ばを越え、もうすぐ〝アラサー〟の女性です。いつの間にか、アーティストになっていました。「いつの間にか」という言葉は失礼なのかもしれませんが、〝気負い〟のようなものがいっさい感じられない、彼女にふさわしい言葉のように思えます。幼いころから自然体で生きてきた彼女は、とても自然な時の流れにのって、いつのまにかアーティストになっていたのです。

名前は「透子《とおこ》」なのですが、小さいときから中性的で、男の子と間違えられることが少なからずありました。「坊やちゃん」と呼ばれ、「〝とおこ〟じゃなくて〝とおる〟だね」と言われていました。それを意識してか、いつのころからか、透子は自分のことを「とおるちゃん」と呼ぶようになりました。お友だちの中には「とっこちゃん」と呼ぶ人もいました。

名前のとおり、透きとおった人で、だれの色にも染まらない透明感がすなわち彼女の〝色〟で、彼女は〝自分色〟に生きています。自分の中には何の色も入れなくて、無色透明。何にも染まらなくて自分が保たれている、そんな人です。彼女にはいわゆる〝グループ分け〟は必要ありません。〝アラサー〟というグループ、〝算数障害〟というグループ、その他もろもろ、必要ないのです。強いていうなら、温かい家庭の中で育ったという家族色が挙げられるでしょうか。彼女は私の友人の娘です。

2 なかなか伝えられない＋食べるのが遅い

透ちゃんの両親の子育ての基本は、「一人ひとりの個性を大事にする」ということでした。また、「自分の考えていることを自分の言葉で話す」ことを大切にしていました。

ところが、透ちゃんは、自分の考えていることを説明しようとすると、なかなか言葉がまとまらない子どもでした。六人きょうだいという多勢の中で育ちましたから、常にきょうだいの声が響いていました。透ちゃんは自分の意思を伝達し、それを理解してもらえるまでが大変だったようです。言えない子に対して、じっと待ってあげるということはあまりなかったといいます。しかし、言葉にならないもどかしさも包み込んで一体感を醸《かも》し出すような温かいきょうだい関係でした。

父親はゆっくりと話を聞いてくれる人でした。子どもが何かを言ってくると、「きみはどう思うの?」「どうしたいの?」と答えるのを待ってくれました。透ちゃんは、思っていることを上手く相手に伝えることが苦手でしたが、父親のこの「待つ姿勢」が「話す訓練」となりました。家庭の中のソーシャル・スキル・トレーニングのようです。

家族の食事は食べきれるだけの量が用意され、ありあまるほどの食べ物がテーブルに置かれることは通常はなかったと言いますから、食べるのが遅かった透ちゃんは十分な量を摂取できていただろうかと、小さな透ちゃんに思いを馳せてしまいます。食べながら眠ってしまい、食べ物を口からぶらさげたまま首を垂れているベビーチェアの彼女の姿が思い出話に出てきました。

小学生になってから、給食のことで叱られていることを、母親は、同級生の母親から聞かされました。「おたくのお子さんは好き嫌いが激しすぎるらしくてね。」よくよく話を聞いたら、好き嫌いで叱られていたのではなく、決まった時間内で食べ終わらないことが叱られる原因だったようです。

3 助けられやすい人＋天真爛漫

家にいるとあまり自分の意見の通らない透ちゃんでしたが、外に出ると、いつだって友だちが寄ってきてくれて、あれこれ手を貸してくれたといいます。透ちゃんの幼少期を一言で言うと、「助けられやすい人」だったとのことです。家族の中には、彼女は「甘え上手」だと言う人もいます。でも、透ちゃんが自分から甘えたり助けを求めたりしたというのではなかったようです。

たとえば、幼稚園では、透ちゃんが園に着くと、「透ちゃん大丈夫?」、「お荷物はこよ」、「はい、カバンおろして」等、友だちが世話を焼いてくれたといいます。先生が指示したわけでもありません。家では見られない光景で、透ちゃんはニコニコしてお世話されていたといいます。

どうしてそんなふうにかわいがられ、お世話される人であったのだろうと家族は一緒に考えました。きっと、人との距離をあまりつかめないから、自分から距離を詰めようとしなかったのではないか。また、自分を助けてくれたからといって、べったりその人に近づこうとしないから、相手は相手のほうで距離を決められるということになります。そういう気楽さが〝一緒にいて楽な人〟となり、透ちゃんのもっているある種の〝不器用さ〟が〝面倒をみたくなる人〟となっていったのではないか、ということでした。

いつもお世話されていたといっても、頼りなげな雰囲気ではなかったと思います。屈託のない明るさが透ちゃんにはありました。従妹のアイちゃんとアイちゃんの母親の三人で公園に遊びに行ったときのこと、観覧車のゴンドラがアイちゃんの母親の座ったほうに大きく傾いてしまいました。一瞬ドキリとした三人。次の瞬間、透ちゃんの口から「おばちゃんが降りればいいんだよ」。「そのとおり」と、おばちゃんは笑って答えました。おばちゃんの体は、大人二人分くらいの大きさでしたから。そんな言葉もかわいく響く楽しい透ちゃんでした。

4　時間や数字がわからない！　数字には色がついていた！

透ちゃんは、小学二年生になっても時計が読めませんでした。また、「ゼロと百とどっちが大きい？」と聞かれて、「うーん、ゼロかな」と答えていました。物を数えるときには指を使って数えました。時間に関して、次の会話が印象に残りました。

透「今日ね、○○ちゃんと待ち合わせて遊ぶの。」
母「そう、よかったわね。何時に？」
透「わかんない。」
母「時間わからなかったら、いつ行ったらいいかわかんないでしょ？」
透「うーん、学校で待ってるから。」

九九は歌のように覚えていましたが、内容は理解していなかったので、生活の中では生かされなかったといいます。何回口にしても覚えられないことは、歌にしたり絵にしたりすると覚えられたそうです。

こんなこともありませんでした。算数のドリルをしていなかった透ちゃんに、夏休みの補習があることを、母親は初めてママ友から聞かされて驚いたそうです。中学生になってからは、数学のテストで0点を二回くらいとったといいます。あきらめて白紙で出すというのではなく、本当にまったくわからなかったといいます。

そんな算数の苦手な透ちゃんでしたが、父親は、「二年くらい遅れて育っていると思えばいいんだよ。小学三年になれば、小学一年の実力はついてくるから。そのうちできるから心配ないよ。」両親の温かな見守りがあり、透ちゃんは発達相談や教育相談には一度も行きませんでした。

透ちゃんによると、「数字には色がついていた」そうです。数字というのは、大きいとか小さいではなくて、並列に存在し、それぞれ違う色がついているというのです。「たとえば、時計の文字はみんな同じ大きさでしょ」と透ちゃんは言います。文字として、同じレタリングで同じポイント（大きさ）だということなのです。透ちゃんにとって、一は一という形で、二は二という形であり、数字を量の概念としてではなく、色つきのイラストのようにとらえていたのだということがわかりました。

5　好きなことドンドン・嫌いなことゼロ、アンバランスもそれで良し！

小学四年生から通い始めた習字教室は大好きで、長く続けました。絵のようになっているものには強かったと母親はいいます。先生からは、「迷いなく綺麗な線を描くね」と言われたそうです。師範になれる一歩前（子どもの中では最上級の段階）まで上達していったそうです。

本を読むのが好きだったせいか、国語の能力は高く、作文はとても上手でした。話をする場面では時間がかかって困難なこともありましたが、文章では〝自分色〟をしっかりと表現することのできる人です。発想力に優れていて、小学五年生のときに書いた作文では、経済産業大臣賞をもらいました。作文を書くときに選ぶ言葉には、頑固にこだわります。透ちゃんの内なる感性を表現するために必要な言葉を、自分の語彙力の中で練りに練って文章にするのです。

一方で、年齢的に当然獲得しているはずの語彙には難点もありました。たとえば「年末年始」という言葉は、漠然とはわかるけれど関心がないので自分の中に取り込まなかったといいます。中学生のころ、パスポートを取りに行ったとき、「お母さん、生年月日って何?」と聞いたそうです。「大晦日」という言葉も、つい数年前まで知らなかったといいます。

体育も好きで、卓球部に所属し、県北ベスト八までいったそうです。ただ小さいころから歩くのが嫌いで、長く歩けるようになったのは高校生になってからだといいます。

自分の中での決まりごとを変えない、これが透ちゃんにとって重要です。興味のないことに神経をすり減らすという選択肢はありません。関心をもてないものが多かったと振り返ります。関心をもつと集中力は増して、繰り返し熱心に関わるのですが、好きなこと以外はやる気ゼロでした。

親からの圧力のようなものはありませんでした。彼女の家の子育てを「責任つきの放任」と家族は呼んでいます。「ありのままであってほしい」、というのが両親の何よりの思いだったのでしょう。透ちゃんと家族にとって、「ありのまま」は「アンバランスを克服」するよりもずっと価値あることでした。

6　好きなこと選び【高校、そして専門学校】

好きなことや興味を生かして、デザイン関係のコースがある高校に進学しました。数学に関しては、数学の先生が中学校の数学を繰り返し教えてくれたので、生涯で一度だけ数学で百点をとったことがあるといいます。この高校で、陶芸にも出合います。

もともと絵を描きたかったので、絵が学べる専門学校に進みました。初めて親元を離れての寮生活でしたが、ここでも友人に恵まれ、いつも透ちゃんは助けられました。いつも友だちが一緒にいてくれたので、大都会で道に迷って困ったということもなかったそうです。

ただ一回だけ、パソコンの授業で、久し振りにどうしようもなくなったことを覚えているといいます。手順がまったくわからず、シャッターが下りるみたいな感覚だったそうです。「久し振りにどうしようもなくなった」という言葉の中に、何回かはそんな経験をしてきたことがうかがえます。何から手をつけてよいかわからず、途方に暮れる様子が伝わってきます。

◆十億分の一より稀なる存在

透ちゃんの苦手は、「計算する」の分野だけで、「読み書き」に問題はなかったので適応力が高かったのだろう、だから大人になるまでまったく「発達障害」という概念とは無縁に生きてこられたのだろうと思っていましたが、計算する以外にもいくつか気になる点がありました。

「上旬・中旬・下旬」という時間の概念を表す言葉の理解が今も難しいのは、時間に関係した「推論する」の分野でしょうか。新しい言葉をなかなか覚えられなかったこと、伝えたいことが伝えられなくて言葉につまったこと、句読点のつけ方を、母親がかなり徹底的に教えたことなどから、「聞く」「話す」「書く」分野にも、もしかしたら若干の弱さがあったのかもしれません。しかし、彼女はそれらの弱さをも自分色にしてきました。個性を大切にする育て方・生き方が自分色を作りあげていきます。

学習障害をアセスメントする三十項目のチェックリストは、「ない／まれにある／ときどきある／よくある」の四段階で回答するものです。これを「あてはまる／あてはまらない」の二択だけにして、何通りのタイプの人が存在するか計算すると（透ちゃん、ごめんね、数での説明になってしまって）、なんと十億七千三百七十四万千八百二十四通りのタイプの人が生じるのです。たかだか三十項目の二択で、十億以上です！　これにＡＤ／ＨＤ関連の十八項目や、自閉症スペクトラム障害関連の二十七項目を加えると、一体どれほど無限の個性が存在することになるのでしょう。

もちろん個性というのは、支援を必要とするものばかりでなく、たくさんの性格や傾向や属性や環境などで構成されています。透ちゃんも、綾ちゃんも、ユウくんも、ケンくんも、まさに、どこのどの時代を探しても唯一無二の存在なのです。好きなこと選びは、唯一無二の自分探しでもあります。

7　現在のくらし「合理的でなくていいよ」「あやふやでも健康的」

現在、透ちゃんは、土をいじって作品を作っています。造形作品とは偶然出合ったといいます。もちろん絵を描く仕事もしています。いわゆる所属のないフリーのアーティストです。高校や専門学校時代の人とのつながりが、今の自分の場所、機会、環境を作ってくれたといいます。町の生涯学習センターで大人のイラスト講座の講師をしたり、個人の絵画教室も開いたりしています。

週に一回は工房にお手伝いに行き、工芸体験のたくさんの人に出会います。いろんなことをすぐに忘れてしまうので、メモをとったり自分なりの工夫をしたりしてがんばっています。八十人もの体験入学者が工房に集まります。四人がけのテーブルだと、八十割る四で二十テーブル分の椅子を準備すればいいのですが、透ちゃんの場合は、椅子八十個を数えてからテーブルに並べていきます。いまだによく掛け算、割り算の意味がわからないといいます。「何が何でも合理的でなくてもいいと思う」、透ちゃんの言葉です。

母親が透ちゃんのこれまでを振り返って、「あやふやな状態でも生きてこられている」と言うと、透ちゃんは、「すごい健康に生きてきてるよ。今も健康」と続けました。父親も、子どもへの信頼が大きく、望みさえすればそれは必ず達成されるという信念をもっています。透ちゃんは、信用されているがゆえに、羽目を外さずに生きてきたといいます。

「これからの希望とか、方向性とかありますか」という問いかけに、次のように答えました。透ちゃん色の答えです。

小さいころから、繰り返ししてきたことを、周りが助けて推《お》してくれた。そしてアーティストという名前がついた。芸術家になろうと思ったことはなくて、小さいころにしていたことを、繰り返してやっているだけ。だれかに見せるためではなくて、暮らしの中で作ったものがたまっていって、結果、見せる場があるというか。見せるために作っていない。稼ぎたいとも思わない。暮らしの中で作品を生みたい。作品のために暮らすのではなくて。

そんな透ちゃん色とマッチする色をもつボーイフレンドもできました。透ちゃんが包まれてきたような温かい家庭が近い将来、もうひとつ増えていくかもしれません。

8 「こちら側とあちら側」境界のない世界

「今回のインタビューではじめて〝発達障害〟とか〝算数障害〟という言葉を自分のことととして聞いたと思うけれど、戸惑ったりしなかったかな？」という質問に対して、彼女はすぐに高校時代のある出来事を話し出しました。高校のとき、障害児施設に「学校行事」で行ったときの話です。

子どもが目の前を走って行ったんです。大声で高らかに叫んでいて、元気だなー、楽しそうだなーと、私もつられて楽しくなって笑ったら、友だちが「笑うって失礼だよ」と言ったんです。そのときの友だちの言葉と自分の中の感覚があまりに違っていて、このざわざわ感は何だろう？ って。

透ちゃんにとっては、障害児と自分の間に垣根はなく、純粋にかわいい元気な子だと思ったのに、そのときの友だちの言葉には「あちら側とこちら側」の響きが感じられたのでしょう。そして透ちゃんは、そのときの自分の気持ちを「ざわざわ感」と表現していいます。障害者に対する差別という哀しい世界があることを感じとったのかもしれません。そして、少し傷ついたのかもしれません。あるいは、このざわざわしている自分の立ち位置を確かめようとしていたのかもしれません。もちろん、その友だちに差別意識があったというのではなく、あくまでひとつの言葉に対する透ちゃんの感性です。

透ちゃんの感性や価値観を培《つちか》ってくれた家族についての透ちゃんの文章を紹介します。父親の大きさが伝わってくる、家族の温もりと絆が感じられる文章です。

幼いころから、私が周りと同じスピードで理解ができないことは明らかだったが、父はそれを急《せ》かしたりも呆《あき》れたりもしなかった。周りと同じかどうかは、あの家では重要ではなかった。むしろ、自分の見えるものと自分の意思で選ぶことに意味があった。知っていることしか知らないため、「よくそれで今まで生きてこられたな」と驚かれることもあれば、限られたできることだけをしているからか「何でもできる」なんてとらえられ方をされるときもある。

私は、私の握れるものしか握れなかったし、握ってこなかった。そして、握ったときにはいつも父は何も心配せず見ていてくれた。だから私は、今も変わらず握りつづけていられるのだ。

下の写真は、透ちゃんの作品です。習字と同じように迷いなく線を描くのだそうです。

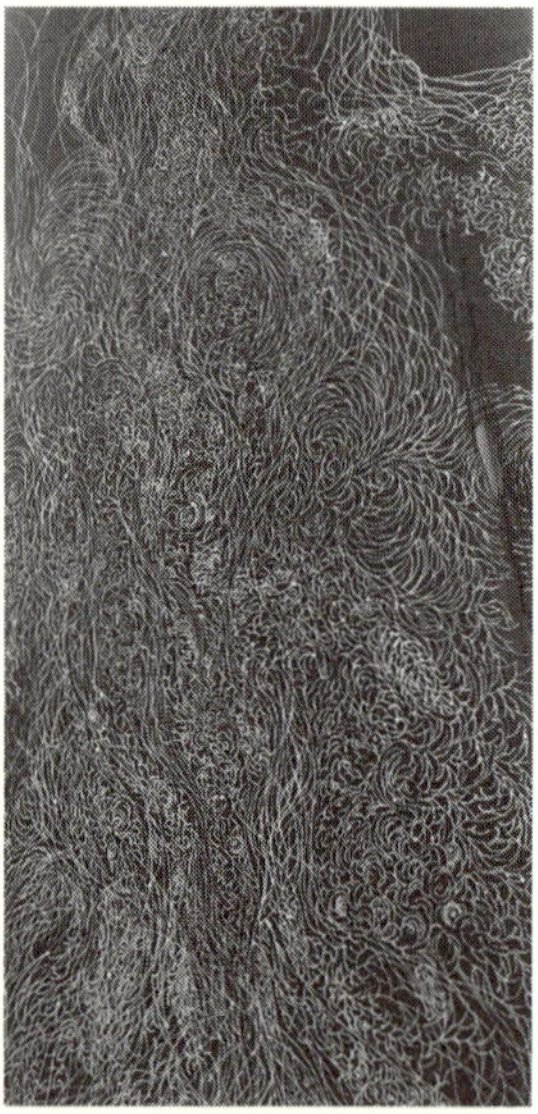

木の板に黒色を下地として塗り、その上に白のペンで線を描きこんだ作品

＊学習障害について

ＬＤと呼ばれる学習障害は、自閉症スペクトラム障害（ＡＳＤ）、ＡＤ／ＨＤと並んで支援を必要とする発達障害です。文部科学省の調査結果の特別な教育的支援を必要とする児童生徒六・五パーセントのうち、学習面は四・五パーセントを占めます。（もちろんこの割合がＬＤだというわけではありませんが〔注３に詳細〕。）

ＬＤは、医学的には「読みの障害」、「書きの障害」、「算数障害」と大きく三つに分かれますが、教育現場では「聞く」「話す」「読む」「書く」「計算する」「推論する」という六つのグループが使われています。以下は、文部科学省が作成したチェックリストの〈学習面〉三十項目の内の、「計算する」（①〜⑤）、「推論する」（⑥〜⑩）の部分だけを抜き出したものです[*1]。

① 学年相応の数の意味や表し方についての理解が難しい（三千四十七を三〇〇〇四七や三四七と書く。分母の大きいほうが分数の値として大きいと思っている）。
② 簡単な計算が暗算でできない。
③ 計算をするのにとても時間がかかる。
④ 答えを得るのにいくつかの手続きを要する問題を解くのが難しい（四則混合の計算。二つの立式を必要とする計算）。
⑤ 学年相応の文章題を解くのが難しい。
⑥ 学年相応の量を比較することや、量を表す単位を理解することが難しい（長さやかさの比較。「十五センチは百五十ミリ」ということ）。
⑦ 学年相応の図形を描くことが難しい（丸やひし形などの図形の模写。見取り図や展開図）。
⑧ 事物の因果関係を理解することが難しい。
⑨ 目的に沿って行動を計画し、必要に応じてそれを修正することが難しい。
⑩ 早合点や、飛躍した考えをする。

＊ノーマライゼーション――その理念の背景、そして特別支援教育へ

母の腕に抱かれ、父の背中を見て安心して育った透ちゃんの内なる世界には、「こちら側とあちら側」の境界線はありません。人と人との間に境界線をつけないことを、昨今の言葉では、「ノーマライゼーション」といえるかもしれません。

ノーマライゼーション（Normalization）とは、福祉の基本概念で、障害者や高齢者、広くは社会的マイノリティの方々が一般の方々と同様に、普通（ノーマル）の生活ができるように、その権利が保証され、環境も整えられることを目指す理念と説明されます。もともとはデンマークの行政官ミケルセンが提唱した理念ですが、東北福祉大学ホームページ[*2]での説明によれば、「このような思想が出る背景には、障害者を取り巻く環境は、普通ではなかった（アブノーマル）ということ」だとも指摘しています。

発達障害者支援法の背景にある理念も、このノーマライゼーションだといわれています。この法律は、二〇〇四年十二月に成立し、二〇〇五年四月に施行されました。発達障害者支援法が成立するまでの世界の動きを注目してみると、障害者の「権利」を実現しようとする切なる叫びが見てとれます。言い換えると、当たり前のことが当たり前に

なされてこなかった現実の根底に、「差別」という意識があったことに改めてはっと気づかされるのです。

この法律によって、それまで十分な対応がなされてこなかった人々に光が当たるようになりました。その光は、幼少期から大人になって自立・社会参加を果たすまで、あるいは果たしてからも長期的な「切れ目ない支援」を目指すものです。

発達障害者支援法を受けて、学校教育法の一部改正（二〇〇六年）等により、特別支援教育が二〇〇七年四月に本格的にスタートします。ケンくんの帰国から数年遅れのことでした。とはいえ、すべての学校（国公立私立・幼小中高）で同じ支援が一斉にスタートしたわけではなく段階的に今も進行しています。その理念は、「障害のある幼児児童生徒の自立や社会参加に向けた主体的な取り組みを支援するという視点に立ち、幼児児童生徒一人ひとりの教育的ニーズを把握し、そのもてる力を高め、生活や学習上の困難を改善または克服するため、適切な指導及び必要な支援を行うもの」（文部科学省）とされています。それまでの「特殊教育」から「特別支援教育」への転換が図られ、「養護学校」は「特別支援学校」と名称を変えました。

文部科学省の調査[*3]（二〇一二年）によると、通常の学級にいる子どもの約六・五パーセントが、何らかの特別な支援を必要としていることがわかっています。六・五パーセントという数値は、現場の教師による回答から出されたもので医学的診断ではないのですが、教員の子どもへの愛情を伴う目線が拾い上げた数値だと思います。欧米では約一〇パーセントの子どもたちが特別支援教育を受けているといわれていますが、従来の特殊教育の対象者を入れると、日本でも一〇パーセントの子どもたちが特別な支援を必要としているといえるでしょう。しかし、支援を実際に受けているのは、二〇一七年の義務教育段階では、全児童生徒数の三・九パーセント程度です。[*4]

一人ひとりの子どものニーズにさらなる気づきがなされ、支援が実施される環境がさらに整っていくことが期待されます。実際、この数年で特別支援教育は具体的に大きく前進しています。だからこそ、特別支援教育の最も根幹となるものは、差別に対する教育なのではないかという意識を忘れないでいたいと思います。

＊インクルーシブ教育――〝ひとつ屋根の下で〟

ノーマライゼーションの理念をもとに発展したインクルージョン（inclusion，「包括」）は、その後の障害者施策の中心課題になっていきます。少しさかのぼりますが、一九九四年の「サマランカ宣言」[*5]は、普通教育における障害児のインクルージョンを明確に求める初めての国際的な文書でした。インクルージョンは、子どもが生活や社会に「包み込まれる」必要性を明確に打ち出した概念です。はじめから「通常の教育か障害児教育か」と分けるのではなく、一人ひとりの子どものニーズに立って支援をしていくという発想であり、通常の教育の中に特別支援教育が包み込まれていくのです。早くからLD教育の必要性を訴えてきた上野一彦氏は、「私はインクルージョンのもっともわかりやすい説明は〝同じ屋根の下で育てる〟という言葉に尽きると思う[*6]」と言います。

二〇〇六年の国連総会において障害者権利条約が採択され、障害に基づくあらゆる差別の禁止や障害者の社会参加や包容の促進などが規定されました。インクルーシブ教育システムの理念や合理的配慮の提供は、その規定の教育分野の一部です。この条約への対応として、二〇一二年、文部科学省は「共生社会の形成に向けたインクルーシブ教育システムの構築のための特別支援教育の推進」を発表しました。インクルージョンの理念は、「交流・共同学習」（障害のある子どもが一定の教科や活動に通常学級で障害のない子どもと一緒に教育を受けること）等に具現化しています。

特別支援教育は、ある意味、教育の「ユニバーサルデザイン」といえるでしょう。特別な教育的ニーズのある子どもには〝必須〟あるいは〝なくてはならない〟支援（物理的な支援環境も含む）であるばかりではなく、その他のすべての子どもたちにとっても、

〝備わっていると便利で助かる〟支援だからです。[*7]
また、特別支援教育は「チームアプローチ」であるといえます。担任の教師ひとりが抱えるのではなく、みんなで抱えていくのです。ひとつ屋根の下で一緒に育てるのです。

時代とともに、発達障害の名称や構成する障害は変わっています。すべてを把握理解することは困難ですが、世界的な流れの中で理解しなければならない内容と、今自分たちが置かれている場でチームとして最低限整理しておきたい内容とを把握しておくことは、自分の周りにいる支援を必要とする人への助けにつながります。

ここで改めて発達障害についてまとめてみます。発達障害は「広く、何らかの発達の偏りや遅れなどが通常低年齢から見られ、日常生活や社会生活で制限を受ける者」[*8]ととらえることができます。「日常生活や社会生活で制限を受ける者」ということが大切な点ですが、こういった定義だけではイメージがつかみきれません。また、発達障害はまだ新しい概念で、じつはその定義もまだ確立されてはいません。個々の障害について原因も含めて研究途上であり、さまざまな障害の総称として使われるので、そのグルーピングの仕方も模索の最中なのです。
「発達障害」という語は、わかりやすくいうと〝学術的な〟定義と〝法制上（行政政策上）の〃定義に分かれます。ＤＳＭなど医学用語としての「発達障害」は、学術的な定義の中に含まれます。それに対し、法制上の定義は、前者に比べると明確です。日本では「発達障害者支援法」（二〇〇五年）による定義が発達障害の定義として使用され、これが福祉や学校現場等で使われている定義ということになります。

障害者と健常者の間に境界線をもたない透ちゃんは、〃同じ屋根の下で〃なんの偏見ももたずに共に生活できる人です。透きとおった心を生まれもっているかのような人です。そして、その透ちゃんの内的な世界や価値観を培ったのは、同じく境界線や偏見をもたない両親の生き方そのものを、子どもたちに見せていく家庭教育だったのだろうと推測できます。

学校教育の中では、人権教育はすでに（十分かどうかは別にしても）実施されていることは間違いないでしょう。それでは、家庭教育の中ではどうでしょう？　私たち大人は、子どものもつ純粋な心、もともとは差別や偏見をもち合わせない心を、いかに守り養っていくかという課題を、見つめ直していきたいと思います。

ここ十数年でしょうか、いえ、二十年かもしれませんが、学校現場では「学校は家庭に立ち入れない」という言葉を耳にします。ドシドシと立ち入っていたと思える金八先生のような教師がいた時代と比べて、一体、教育の何が変化したのだろうと、寂しい思いを抱くことが多くなり、やがてあきらめのような心模様になったりもします。モンスターペアレントの出現か、教育界の何らかの施策等が影響しているのかわからないのですが、広い意味で、家庭と学校が〝ひとつ屋根の下〟意識を共有し、断絶されていった関わりを取り戻し、差別や偏見とそして発達障害と向き合っていけたらと願います。

注

1　文部科学省「今後の特別支援教育の在り方（最終報告）」（特別支援教育の在り方に関する調査研究協力者会議、二〇〇三年三月二十八日発表）の「通常の学校に在籍する特別な教育的支援を必要とする児童・生徒に関する全国実態調査」。二〇〇二年と二〇一二年に実施。学習面の項目は、『ＬＤＩ－Ｒ——ＬＤ診断のための調査票』（日本文化科学社）を参考にして作成。行動面（不注意、多動性・衝動性）は十八項目、行動面（対人関係やこだわり等）は二十七項目ある。行動面前者は、株式会社明石書店の著作物である「ＡＤＨＤ評価スケール」を使用（よって同社に無断で転載等を行うことはできない）。行動面後者は、スウェーデンの研究者によって作成された高機能自閉症に関するスクリーニング質問紙（ＡＳＳＱ）を参考に作成。
2　東北福祉大学通信教育部ＨＰ　機関誌『With』二〇〇八年春号
https://www.tfu.ac.jp/tushin/with/200803/01/03.html
3　文部科学省ＨＰ「通常の学級に在籍する発達障害の可能性のある特別な教育的支援を必要とする児童生徒に関する調査結果について」。六・五パーセントの内訳は、学習面四・五パーセント、行動面三・六パーセント、学習面と行動面一・六パーセント。行動面三・六パーセントのうち、不注意または多動・衝動性は三・一パーセント、対人関係やこだわりが一・一パーセント。
4　文部科学省初等中等教育局財務課（二〇一七年五月三十日）「教育関係職員の定員の状況について」より（参考一）特別支援教育の現状について
5　ユネスコがスペイン政府と一緒に開いた「特別なニーズ教育に関する世界会議」（ユネスコ・スペイン政府共催、一九九四年）で出した声明。スペインのサマランカという町に、いろいろな教育関係者が集まって「支援が必要な子どもへの教育」について話し合った。
6　上野一彦『ＬＤ（学習障害）とディスレクシア（読み書き障害）――子どもたちの「学び」と「個性」』二〇〇六年、講談社＋α新書、一三七頁
7　中村忠雄・須田正信編著『はじめての特別支援教育――これだけは知っておきたい基礎知識』二〇〇七年、明治図書、一五頁
8　日本ＬＤ学会編『発達障害事典』二〇一六年、丸善出版、二頁

五章　発達障害にどう向き合うか

1　「みんなちがって、みんないい」が言えない理由

金子みすゞの「わたしと小鳥と鈴と」という詩の中の「みんなちがって、みんないい」という言葉は、〝私は私でいいんだ〟という自己肯定感が喜びとともに湧き出てくるような素敵な言葉です。この言葉は学校教育の中では、もうずいぶんと浸透しているように思っていました。しかし、発達障害（傾向）の児童生徒やその保護者の前には、まだまだ虚しい響きとなって消えていくことがあります。

「みんなちがって、みんないい」のだけれど、「自分は障害者じゃない！」「特別扱いはされたくない」と、特別支援を拒む生徒や保護者もいます。カウンセラーに行動観察をしてほしいと頼んではくるけれど、決して我が子には話しかけないでほしいという保護者もいます。

子どもが、「特別扱いはされたくない」と言うのには、人と違ったことをして馬鹿にされたくないという思いがあるようです。自分には何かしら人とは違うところがあるということに気づいていても、自分は自分でいいというアイデンティティは中学生のころにはまだ確立していません。みんなと同じであることが安心なのです。

社会学者の宮台真司氏は、一九七〇年代後半から九〇年代に育った人たちは、「人と同じでないとダメ」という〝同調圧力〟を受けたと言っています。ちょうど親となって子育てをしている年代でしょうか。「場」への適応だけが肥大し、この「場」ではだれも「本気」で話したり、「本気」で聞いたりすることがないといいます。「本気」への感度の低下がいじめ問題にも影響していると、宮台氏は言っています。[*1] 意識するとしないとにかかわらず、違いがあっていいんだという心と、人と同じであることを大事にする心とがせめぎ合っているのでしょうか。

また、馬鹿にされたくないという思いの奥には、かつて自分や家族が馬鹿にされたことがあるか、もしくは自分や家族がだれかを馬鹿にした経験があるか、どちらにしても、両者とも傷ついています。一度も嘘をついたことがない人はだれひとりいないように、少しも差別心をもったことがない人間もいないだろうと思います。差別されるほうも、するほうも心が傷ついているのです。

かつては、「発達障害」というと「ああ、知恵遅れね」と返す人が教育や福祉の関係者の中にもいたといわれます。発達障害についての無理解の前に、この言葉には、知的障害の人たちを見下すニュアンスが含まれているようにも感じます。かつて、フランスの心理学者アルフレッド・ビネーが発明した世界初の知能検査は、フランス政府の要請で開発されたものでした。フランス政府にもビネーにも、知的障害のある子どもを抽出し、その子に合った教育をして力を伸ばすという目的意識があったといいます。しかしその後、ＩＱ（知能指数）は「優生学」を後押しすることになり、アメリカにおいては、知的障害のある人に対して「断種法」や「隔離収容政策」が実施されていきます。その処遇のひどさから、隔離された人たちが入れられていた収容所は「人間倉庫」と呼ばれたそうです。[*2] 知的障害の人に対するひどすぎる差別です。

このことは、遠い国で起きた出来事ではありません。日本でも、私たちの心にも起こっていたことなのだと思います。私自身、はっと気づいたことがありました。発達障害、特に学習障害について教師や保護者に説明をするとき、「知的障害は伴わない」とか「知的には低くない」という言葉を使っています。そんなとき「知的障害ではないかららいいんですよ」というようなニュアンスが含まれてはいなかっただろうか、と自問します。

今回、特別支援教育について学び直しながら、特別支援教育とはまさに人権教育であるのだと深く認識するに至りました。発達障害と向き合うためには、差別のない共生社会の実現を目指す姿勢が前提になければならないのです。綾ちゃんの二次障害の背後にほくそ笑む〝差別〟という悪魔から、綾ちゃんを守りたい――そのためには、家庭や学校における教育が重要な役割を担っています。透ちゃんの「こちら側とあちら側の境界線のない内なる世界」がおそらく両親の内なる世界からの伝達であったように、私たちも、まず自分自身の心の中に傷のついた思い（差別や偏見）があるかないかを見つめ、〝本気〟で伝えなければならないことを伝えていく者でありたいと思います。

2　発達障害は「個性」か？

発達障害は「個性」だという言葉をよく耳にします。「個性のひとつ」「個性を形作る属性のひとつ」という意味でならうなずきやすいのですが、「発達障害＝個性」となると異議もあります。発達障害の専門家である宮尾益知氏はその著書の中で、「『個性』というのであれば、専門家の特別なサポートを必要としなくても社会生活を営めることであり、『障害』というのは、何らかのサポートがないと社会生活を十分に営めないことであり、そのため各個人のもつ社会における生きにくさの状況に合わせて医療機関では診断名をつけ、その子どもに合わせた対応を、世界共通のレベルで作り上げていく、これが診断名が必要な理由です」[*3]と言っています。

発達障害情報・支援センターのホームページには、「みなさんに、わかってほしいこと」[*4]として次のような記述があり、東京都の発達障害教育推進計画（二〇一六年二月）では「発達障害の特徴」としてこの文章が引用されています。

発達障害は発達のしかたに生まれつき凸凹がある障害です。人間は、時代背景、その国の文化、社会状況、家庭環境、教育など、多様な外的要因に影響を受けながら、一生かけて発達していく生物であり、発達障害をもつ人も同様です。つまり、年齢とともに成長していく部分もあり、必ずしも不変的な障害とはいい切れないのです。もちろん個人差はありますが、「障害だから治らない」という先入観は、成長の可能性を狭めてしまいます。周囲が彼らの凸凹のある発達のしかたを理解しサポートすることにより、「障害をもちつつ適応していく」という視点をもつことは重要です。

そして、次のように続けています。

一方で、発達障害はひとつの個性だから配慮は必要がないと考えるのも行き過ぎです。成人になった発達障害者から、小さいころから配慮が受けられず困難な環境の中で苦労して成長した話も耳にします。

ＬＤ専門家の上野一彦氏は、「障害は理解と支援を必要とする個性」[*5]だと言います。二章でも述べましたが、発達障害が話題となる場で、「多かれ少なかれみんなもっている」という言葉をよく耳にします。ケンくんママも息子が発達障害の診断を下され、何がなんだかわからなくてつらかったとき、「そんなこと多少なりともみんなあるわよ」と簡単に流されて、つらさに一緒に向き合ってもらえなかったこともありました。多かれ少なかれみんなもっているのだけれど、特別な「理解と支援を必要とする人」がいることを知ることが大事です。そして、その人たちへの支援の一歩が「理解する」ということなのです。「みな同じ」ではない「その人」をよく見つめて、理解したうえで適切な助けの手を差し伸べたいのです。

助けの手とは〝押しつける〟手ではなく、客観的な視線と共感的な心で〝共に生活をする〟ということなのだと思います。客観的な視線を担うのは、主に学校教育という場であるでしょう。だれよりも共感的に寄り添ってくれるのは、家庭という場でしょう。

個性なのか障害なのかわかりにくいグレーゾーンのユウくんにも、〝共に生きよう〟と言ってくれる居場所がどんな年齢になっても必要です。個性とも受けとめてくれて、同時に助けの手も伸べてくれる職場を、ユウくんは求めています。

3　診断と告知、そしてカミングアウト――信頼できるチームの中で

障害名というものが最終的な宣言ではなく、スタートにすぎないという見方は、発達障害とどう向き合うかというテーマに大きな示唆を与えてくれます。発達障害のわかりにくさゆえに、成長とともに診断名が変わったり、あるいは病院によって診断名が異なったりするもので、一度かぎりの不変的な一方的な宣言ではない、という前提も発達障害と向き合うために必要な共通理解の一部なのではないかと思います。

私はスクールカウンセラーという立場から、「診断名は私たちには言えないことだから」と言ってきました。「医者ではないのだから」と。そして「発達に偏りがあるようでして……」とか「得意なことと苦手なことがアンバランスで……」などという説明を、

多くのカウンセラーがしてきたと思います。特性を〝説明をする〟には障害名を使ったほうが伝わりやすいことは、カウンセラーならだれもが実感しているであろうことなのですが、実際は違っています。宮台真司氏風に言うと、どこか「本気でない」空気が学校文化の一部になっているともいえるのではないかと思います。その背景には、何らかの失敗経験（だれかのクレームと、痛みゆえのだれかの保身）があるのかもしれません。目の前の個人を第一とするカウンセラーですら、いちばん大切なことよりも慣習や立場を当たり前に優先している面があるのかもしれません。

医者の診断、そして診断をどのように伝えるかが問われる告知、さらに告知された診断を公にどう伝えるか（カミングアウトするか）について、『発達障害事典』（二〇一六年、丸善出版）の「カミングアウト支援」（田中哲、四九〇〜四九一頁）のページがとても参考になりました。

障害名は共有されていなくても、特性による行動は「その人らしさ」の一部として受容されているという事態も、現実には存在する。しかしこれは経験則のようなもので、障害名を抜きにして「周囲」や社会の理解を図ることは実際には難しく、支援としても成立しにくい。

たとえ障害について保護者が拒否的であったとしても、やがて現実を受けとめて子どもに必要な支援が実施されていく長い道のりに、初めの一歩の悪者役は、時に必要な配役ということもあり得ます。管理職・学年主任・担任・養護教諭・特別支援教育コーディネーター・スクールカウンセラー・スクールソーシャルワーカーと、チームで支援していくなら、きっとだれかがフォロー役に回ってくれます。

肝心なのは、言うまでもなく、目の前の子どもの益を第一としているかということです。私たちは何を守ろうとしているのか、何を第一としているのかについても、目の前の現状と自らの心を見つめる必要があります。チーム学校がよく機能していると、だれかひとりが傷ついたり重荷を抱えたりということはありません。

私自身、自分自身の弱点から失敗を招いたようなケースでも、校長先生や保健室の先生からフォローしてもらったことがあります。このチーム学校経験は、本当にありがたい宝のような今も心温まる経験です。逆に、チーム機能が未熟な場所でスケープゴート（「いけにえの山羊」。問題や怒りの解決のために攻撃の標的となり、問題の原因と見なされたりするような立場になってしまう人）にされてしまうような、夜も眠れなくなった経験もあります。

中田洋二郎氏は著書、『子どもの障害をどう受容するか――家族支援と援助者の役割』の中で、障害告知のあるべき姿として、「親が障害を認識するのは、病院で診断されたときや、児童相談所で判定結果を聞かされたときや、障害児の療育手帳を発行されたときだけではありません。それぞれの分野の専門家がそれぞれの専門性を大切にして、子どもや家族に接しているときです。実はそれが家族にとってもっとも適切な障害受容の援助になっているのです。そしてその援助こそ障害告知のあるべき姿ではないかと思います」[*6]と述べています。

綾ちゃんにとっての診断は、「不利益を被るリスク」が高いと両親は見きわめ、中学生の彼女を発達障害という視点ではとらえないことに決めました。そのころはまだ「チーム学校」や「チーム医療」という視点はありませんでした。今、それぞれの専門家がそれぞれの専門性を生かし、信頼できるチームとして、綾ちゃんにも家族にも、発達障害や精神障害とその特性について、障害と共に生きる様式《ライフスタイル》について、理解の深まりや広がりへと導いていってほしいと思います。いちばんに立ちはだかっている壁は、父と母の心なのかもしれません。

4　親の心とフォローの仕組み——たとえ心が一〇〇%でなくても

発達障害の子どもをもつ親であり、心理学者である渡邊芳之《わたなべよしゆき》氏は、親が子どもに代わってさまざまな判断をしていいものなのかという「親の当事者性」の問題や、発達障害の支援にバリエーションがないことや、支援を得て子どもの将来はどう変わるのか、本当に幸せになれるのかという疑問等から、親にとって子どもの障害受容はなかなか難しいものだといっています。*7

渡邊氏は専門家であり、早くから我が子の発達の遅れに気づき、療育施設に通わせて専門的なケアを受け、受けてきたケアの効果についても肯定的に受け取ってもいます。それでもなお、我が子の障害を「受け入れて上手に付き合うべきもの」「ひとつの個性」だとは思えないといいます。転んで頭を打てば、「これで頭のネジが締まり直ってよくならないか」と思うし、熱が出たりすると「この熱が引いた時に急に人の気持ちがわかるようになっていないか」と、「治ってほしい」と、「どこかに治す方法があるのなら治してやりたい」と思うそうです。もちろん親の心も十人十色かもしれません。親にもさまざまな事情がありますから。

発達障害研究及び治療のエキスパートであり、精神科医の田中康雄氏は、「発達障害と呼ばれる生活障害のお子さんの支援のいちばん大切な部分は、親をいかに支えるかだと思っています。親が元気だったら子どもは元気です」と言います。[*8] 田中氏は発達障害を「生活障害」と置き換えて呼び、医学的にはまだまだ解明できていない発達障害も、生活に現れている部分なら応援することができる、つまずきの大きさを小さくすることができると考えます。障害の特性を理解することも、生活の中の現実的な課題に取り組みながら深まっていくものなのです。

二章でも述べましたが、学校において、医学的診断が確定していなくても個々のニーズに応じた支援が始まろうとしています。文部科学省の「特別支援教育の理念と基本的な考え」の中で、「障害に関する医学的診断の確定にこだわらず」ということが明記されています。保護者の理解や同意を求めながら、それが一〇〇パーセントは得られない場合にも、何らかのケアを受けられる仕組みがあり、支援が進むと並行して親の理解も深まるというシステムが進んでいくなら、なんと素敵なことでしょう。前述の渡邊氏の考えです。[*9]

先に述べた「T式ひらがな音読支援」ですが、鳥取市においては小学校の入学式のときに全保護者に文書で同意を働きかけるようです。入学式というタイミングが絶好の機会だと思います。タイミングをはじめ、この仕組みに習って工夫できることが、教育現場ではまだまだあるのではないかと期待されます。啓蒙活動も大事です。入学式、保護者会、学校だより、学年だより等、あらゆる時と機会を使って、保護者と学校が障害理解を進めていくのです。困っている、支援を必要としている子どもたちに届くために、「千里の道も一歩から」です。

5 障害と共に生きること、自分と向き合うこと

一歩一歩を積み上げて、「みんなちがって、みんないい」と言い合えるお互いになりたい。この言葉には、相手の中の弱さや間違いをも許していく深みがあります。発達心理学者の浜田寿美男《すみお》氏は、「発達障害バブル」と言っていいような状況が広がっている中で、障害のない人たちの、障害のある人たちへのソーシャルスキルはどうなっているのだろうと問題提起します。[*10]「障害」は、障害のある人だけが生きるのではなく、「障害」をどう共に生きるのかが問われているといいます。上野一彦氏も、「障害に対する本当の理解というのは、その障害のある人々とどのように付き合っていけばよいのかを

知ること、お互いに違和感のないスムーズな人間関係の作り方を知ることでもある。お互いにそれがわかりあえたとき、障害ははじめて個性となるのではないだろうか」と言っています。[*11]

確かに、ケンくんのアメリカの学校が実施してくれたように、障害のない児童生徒に障害について説明したり、障害のある児童生徒への対応や支援（ヘルプ）をスキルとして身に付けさせていくといった取り組みはまだあまり見られません。それは、告知、障害受容、カミングアウトといった大きな三つの山を越えた先にある課題のようにも思えます。

まずは大人が自分の心と向き合うことが大切です。いつも子どもから見られている私たち大人は、自分自身の心と正直に向き合っていなければなりません。差別心だけでなくいろいろな不安や欠けとも向き合うのです。そして、子どもにも自分の心と向き合うことを教えていきます。差別のない世界を知るには、大人の中にそのような世界を見ることが子どもにとって体験的に知るということなのです。

〝チルドレン・ファースト〟を貫いている児童精神科医の田中哲氏は、「子どもというのは、自分の心の問題については目が閉ざされている私たちに対して神さまが与えてくださった心の写し鏡なのだ。これが、この仕事を通じて私が得た一つの確信である」[*12]と言っています。綾ちゃんの家族が自分の心の写し鏡として、障害も含めて綾ちゃんと真に向き合えるようにと願います。

6 「天から授かった特別な子ども」

一章で登場したケンくんママは、ケンくんとたくさん喧嘩しながら、時に自分の涙も祈りも、息子のためというより自分のためなのではないかと、自分の正直な心と向き合おうとしてきました。自分の心の汚さや力の限界にも向き合ってきました。ケンくんという存在が自分自身に向き合わせてくれたのです。

ケンくんママのブログと、ジョン&エドナ・マッシミラの詩「天から授かった特別な子ども」を紹介したいと思います。

この子がいなかったら発達障害の子のもつ素直さ、正義感、おもいのほか豊かなその世界を知ることはなかった。お互いの違いを理解し合うということをこの子を通して学んだのだ。息子のような発達障害をもつ子どもたちには、この世の価値観を打ち崩す特別なミッション（お世話になったセラピストから贈られた言葉）があるのではないだろうか。困難を抱えて生きているがそれは不幸なことではないと思う。可哀想と言ったらそれはこの世の中でマイノリティとして一生懸命生きている彼に対して失礼だ。神さまの御手の中で彼らしく生きる道を見つけ出せるようにと私はいつも祈っている。

美しい星ひとつひとつも、壮大な宇宙全体も、そして、息子も神の素晴らしい作品のひとつだ。そして障害も彼の個性のひとつなのだ。いつかアメリカ人の友人がこう言ってくれたことがある。

「彼は Strange ではなくて Special なんだよ。」

天から授かった特別な子ども*13

はるかかなたの空の上で、会議が開かれた

「次の子どもを送り出す時がきました」

天上の神に天使たちが言う

「この特別な子どもには、たっぷりの愛情が必要です
成長はとても遅いかもしれません
できないこともあるかもしれません
ですから下界でこの子が出会う人々は
余分に手をかける必要が生じるでしょう
この子は走ることも、笑うことも、遊ぶこともないかもしれません
何を考えているかわからないように見えるかもしれません
なじめないことがたくさん出てくるでしょう
この子は障害児と呼ばれることになるのです
ですから送り先には十分に注意しなければなりません
この子の人生を満ち足りたものにしてやりたいのです
主よ、お願いです、あなたに代わってこの特別な任務を
きちんと果たす親を見つけてください
彼らは自らに託された大事な役目に
すぐに気づかないかもしれません
でも、主によって送られるこの子どもがいれば

信仰はより強く、愛情はより豊かになるでしょう
そして、この天の賜物のめんどうをみるうちに
与えられた栄誉に気づくはずです
彼らにゆだねられる、おとなしい子は
天から授けられた特別な子どもなのです」

ジョン&エドナ・マッシミラ

7　さて、どう向き合うか（まとめ）

発達障害のある子どもたち、発達に凸凹がある子どもたち、生活障害のある子どもたちが、大人になって幸せになるために、私たちはどう向き合っていけばいいのか、四人の物語を通して考えてきました。

発達障害と向き合おうとするときの最大の障壁が、じつは私たちの深層にある差別心なのではないかと述べてきました。私たちの中にある、人と比べる心や差別心と対峙していく、あるいはこれまでの自分史の中に差別から来る傷つきがあったかどうかに気づき、癒やされていく、そんなプロセスが必要です。人は、人と差別されない安心の中

で、自分は自分としてありのまま愛されているという思いを土台として、「みんなちがって、みんないい」と認めることができるのです。「こちら側とあちら側の境界線のない世界」を自らの姿をもって具現化し、本気で伝えていくことを透《とおる》ちゃんとその家族から教えられました。

その人だけにしか彩《いろど》れない色合いで輝いて生きることを支援するために、私たちはまず相手を理解することから始めようと、わかりにくいグレーゾーンにいるユウくんから学びました。発達障害は、個性の一部ではあるけれど、理解と支援を必要とする個性なのです。How to be が What to do に先行されなければ真に必要な支援は成立しません。

そして、時にはひとりだけのための特注の容器を作ろうとする覚悟が必要だとも学びました。これもまた、自分だけの特別な愛情を受けた人なら、特注の容器を作ろうとする覚悟がもちやすいのかもしれません。支援する側もいつも心に刻んでいたい、「私は特別に愛されている者」と。そんな人だけが、「特別扱いは嫌だ」という子どもに対し、「だれもが特別扱いされて生きているのだ」と本気で説得することができるのでしょう。支援を受けること、助けを求めることが当たり前の世界を子どもたちの心に培《つちか》いたいのです。

発達障害の人への向き合い方にも、自分だけの、自分ならではの色合いや味やポジションがあっていいのだと思います。私は私でいいと認められる人だけが、あなたはあなたでいいと言えるからです。発達障害の人だけではなく、発達障害に向き合おうとする人への支援は、周囲のだれかが「あなたはあなたでいい」というメッセージをあらゆる機会を通して伝えていくことなのだと思うのです。「そのままでいい」というメッセージこそが、困惑と困難の中で立ちすくむしかない足を不思議と一歩前進させるというパラドックス・ストーリー（逆説的な物語）を生んでいくのです。

カトリックの司祭であったヘンリ・ナウエンという人は、その著書『愛されている者の生活――世俗社会に生きる友のために』の中で、「愛されている存在であることを表舞台に引き出す」[*14]（傍点著者）という表現をしています。ハーバード大学の教授職を捨て知的障害の人と共に生きる道を選び、生涯、彼らが本来もっている善きものを表舞台に引き出し続けたのです。私たちもためらわないで子どもたちに「あなたは愛されている存在だ」と宣言する教育を提供したいと思います。愛され包まれているという実感が、いかに大きな力となるかを子どもたちから見せてもらいましょう。

医師の診断がいつの時代も一〇〇パーセント正しいとはかぎらないこと、それでも診断や告知が大事なことを、綾ちゃんの経験から深く考えさせられました。両親の抵抗や学校の認識不足、何より医師の所見が、綾ちゃんに特別な支援が必要なことを、かき消してしまいました。だれかがもっと大きな声を上げていたら、血の誓約書という痛々しい事態には至らなかったのではないか、天井から「死ね」という声は響いてこなかったのではないかと思ってしまいます。声を上げるべき人が声を上げなかった結果が招いた悲劇なのではと。「チーム学校」は綾ちゃんには間に合わなかったけれど、医療や福祉、あるいは地域が「チーム綾ちゃん」となって綾ちゃんを助けるように、だれもが自分にできることから始めたい。可能なかぎり居場所となって（居場所づくりには、自分の時間の聖別と場所の設定が必要）、幸せになるために生まれてきたこと、きっと一緒に生きる人と出会えることを共に本気で信じていくのです。人はもともと人間の中で生きる存在だから。

確かに親の心は複雑で、障害受容は簡単なことではありません。そんな親の心に、発達障害の現実や発達障害にどう向き合うかという「べき論」を突きつけるのではなく、親のありのままを受けとめて共に生きていくためには、心情的なものだけに左右されないフォローの仕組みを整えていく必要があるでしょう。「本人が、保護者が、支援は必要ないと言っているので学校としては（福祉としては）どうしようもない」というような言葉を、配慮無提供の簡単な言い訳として使ってはいけないと思うのです。子どもたちを愛し、その子の将来をイメージし、大人になって幸せになるための今を担っている私たちであることを心に留めていたいと思います。

一章はケンくんママのブログからの記事を多く取り上げました。ケンくん親子のありのままに、どれほど大切なきらめいたものを学ばせてもらえたか。この章はじつにケンくんママと一緒に書き上げたものだと言えます。ケンくんママは、涙の祈りも息子のためというより、結局は自分のためではないかと自問するほど、真摯に自分自身と向き合います。そしてその結果、ケンくんを天から授かった特別な子どもとして共に生きていくことを受容していきます。格闘継続覚悟の受容です。

「ペアレントメンター」という言葉を聞いたことがあるでしょうか。発達障害の子どもを育てた経験のある親が、ほかの発達障害の子どものいる保護者の相談にのるというものです。ケンくんママには、そのような働きをしてほしいと常々思ってきました。スクールカウンセラーとして、発達障害のお子さんの悩みを抱えて相談室を訪れてくださる保護者をお迎えするたびに、「ああ、ケンくんママのことを紹介したいなあ」「子育てのこと話してもらいたいなあ」と何度も何度も思ってきました。この本が、涙を流すお母さん方に大きな励ましになることを願ってやみません。

カウンセラーや教師を含め援助者はそれぞれの専門性をもって、子どもたちの旅路の良き伴走者になれます。マラソンの伴走者を見ると、選手がよく走れることに徹しています。選手ファーストです。発達障害に向き合うとき、それぞれの専門性を活かした向き合い方があるのですが、〝チルドレン・ファースト〟（田中哲医師のモットー）にぶれないことこそが、発達障害との向き合い方を指し示してくれるのだと思います。はじめに触れましたが、親は多くの発達障害の子どもたちについての知識や情報をもち合わせてはいません。信じて愛するのみです。専門援助者はそれぞれの子どもたちの「将来をイメージ」することがある程度はできるのです。そして、透ちゃんには周囲の援助があるけれど、綾ちゃんには早急に特別な支援を始めなければとか、ユウくんの困り感について、社会人になっても継続的な支援が必要であることを、どのように共有するか、それぞれの自己理解のために発達障害という語を使うか否かなど、上げるべき声や本気になって吟味しなければならない点があります。

私には、声を上げずに、いえ、声が小さすぎて、後悔した経験があります。児童養護施設の非常勤のカウンセラーだった私は、ある小学生の男児をＡＤ／ＨＤの疑いがあると思っていましたが、児童相談所（心理判定員と嘱託医）は年齢的な元気さにすぎないと見立て、里子の話を進めていきました。彼は我が家を得ましたが、まもなく別の施設に行くことになりました。発達障害の特性も相まって表出したであろう問題行動のため、養育が難しくなったのです。初めから彼の特性を障害と説明したうえの受け入れ準備だったら！　私がもっと食い下がればもっと別の展開になったのではないかと、悔やまれるのです。やっと見いだした家という居場所からまた放り出された彼の心の痛み。母を失って「お母さんはどこ？　ぼくはどうしてここにいるの？　ぼくのお母さんはだれ？」と泣き叫んだだろうと思います。そのときの心の痛みは、私からいまだ消えることがありません。痛みは覚悟となり、心の中の差別に抗いながら、施策そのものや面子を優先しかねない社会とも向き合いながら、「将来をイメージしたチルドレン・ファースト」を追い求めています。

時にはそっと寄り添うだけで、声を上げないこともチルドレン・ファーストに合致することがあるかもしれません。時には見立てや対応を間違えてしまうことも。物事をはっきり言いすぎるところのあるオバさんに成長してしまったけれど、人の心の深層に関わるなんて面倒で畏れ多い旅路を選んでしまったけれど、私は私でいい。あなたはあなたのままでいいと言いたいから。

子どもたちが大人になって幸せになるために、私が上げるべき声は何かを今日も追い求めています。心の深いところに関わる勇気をもって。

人の心は何よりもねじ曲がっている。
それは癒やしがたい。
だれが、それを知り尽くすことができるだろうか。
（旧約聖書・エレミヤ書一七章九節）

愛は結びの帯として完全です。
（新約聖書・コロサイの手紙三章一四節）

注

1　宮台真司『日本の難点』二〇〇九年、幻冬舎新書
2　茂木俊彦『障害は個性か――新しい障害観と「特別支援教育」をめぐって』二〇〇三年、大月書店
3　宮尾益知『発達障害をもっと知る本――「生きにくさ」から「その人らしさ」に』二〇〇七年、教育出版、五～六頁
4　発達障害情報・支援センターHP「みなさんに、わかってほしいこと」http://www.rehab.go.jp/ddis/
5　上野一彦『LD（学習障害）とディスレクシア（読み書き障害）――子どもたちの「学び」と「個性」』二〇〇六年、講談社＋α新書、九頁
6　中田洋二郎『子どもの障害をどう受容するか――家族支援と援助者の役割』二〇〇二年、大月書店、九五頁
7　渡邊芳之「発達障害児の親と障害受容」（第三章）二〇一五年、田島明子編『障害受容からの自由――あなたのあるがままに』CBR
8　田中康雄「発達障害児である前に、ひとりの子どもである」二〇一四年、白梅学園大学子ども学研究所編・汐見稔幸監修・市川奈緒子責任編集『発達障害の再考』風鳴舎、二二三頁
9　渡邊芳之「親は受容しても治ることをいつでも願っている」（第五章）二〇一五年、

前掲書

10 浜田寿美男『障害と子どもたちの生きるかたち』二〇〇九年、岩波現代文庫、一九一頁

11 上野一彦、前掲書、一三四頁

12 田中哲『見えますか、子どもの心』一九九四年、いのちのことば社、一七四頁

13 ジャック・キャンフィールド他『涙が教えてくれたこと――こころのチキンスープ18』二〇〇二年、ダイヤモンド社、一〇六〜一〇九頁

14 ヘンリ・ナウエン『愛されている者の生活――世俗社会に生きる友のために』小渕春夫訳、一九九九年、あめんどう、七四頁

おわりに

拙著は、具体的な支援方法についての書ではありません。特性をまとめあげた学習書でもありません。私にできることは、四人の物語を（時に課題を提示しつつ）愛情をもって綴り、主人公として紹介することでした。困っている隣人を知ることが発達障害を知ることにつながります。より多くの方にとって何かしらのヒントになればと、発達障害の特徴や症状をできるかぎり拾って記述するようにしました（読字障害と書字障害についてはほとんど触れることができていませんが）。四つの物語を紡がせてくれた、モデルとなってくださった方々に心からの感謝をささげます。

発達障害と向き合おうとしている方々が、四人の物語を通して、「自分だけではない」と感じ、自分の存在の立ち位置のようなものを見つけ、踏み出すべき次の一歩のための勇気と元気を少しでも感じてくれたら幸いです。

これまで相談室で出会ったすべてのお母さん、お父さんに、心からの感謝をささげます。その心を、涙を分かち合ってくださり、みなさまの苦しみと悩みを分けてくださったことが、私を育ててくれたと思っています。

この世の中に親という仕事以上にやりがいのあるものはないと私は思っています。発達障害や精神障害の人への支援の乏しかったある地域で、お母さんたちが立ち上がり、引きこもりの若者や家族を対象に「若者支援の会」が発足していることを最近になって知りました（引きこもりの背景には、発達障害等があるとも考えられている）。母の愛情が、実に行政の動向と並行して、むしろそれを補おうとしてうごめいていくのを実感しています。行政の方々、どうかこのうごめきに予算をば！　待望の「チーム綾ちゃん」の実現のために。

私はもともとは深層心理（精神分析）に傾倒していた院生でしたが、私の中に発達障害の人たちへの問題意識を芽生えさせ、多くの子どもたちとのふれあいを与えてくださり、よく学ばせてくださり、実際に支援の訓練をしてくださった森永良子先生はじめ白百合女子大学大学院の先生や仲間たちに感謝します。奨学金を借りながらやっと生計を立てていた私を心配して、フリースクールの面接等を臨床実習の一部と見なすことを提案してくださった繁多《はんた》進先生に、心から感謝をささげます。

私の父はすぐにカッとなる人で、衝動性優勢型のＡＤ／ＨＤだっただろうと思います。教員だった父は、児童にとっても怖い人だったかもしれません。失敗も多くありましたが、自分の弱さを知っていたからか、発達障害が認知されていない時代を父はできるかぎり慎重に生活していました。またよくも悪くも情の深い人でした。私が小学生のときにもらった数個の賞を父はいつまでも心に留め、私が詩を書いたり、本を書いたりすることを望んでいました。

父を天国に送った直後に、私はこの本を書き始め、残された母の介護と、減らしてはいましたが通常の勤務、そして公認心理師の受験を抱えて、高知と東京を一週間ごとに行ったり来たりするバタバタの毎日でした。病気の母の余命と競争するように時間が過ぎていきました。

そんな中で、医療関係者、福祉関係の方々には、母のみならず私も本当に支えられました。御茶ノ水のＫ病院は、高知から上京した母のために治療の可能性を探してくれて、その間に私は執筆時間を確保できました。高知ではヘルパーさんがいてくれたので、私は隣り町の宿毛《すくも》図書館まで通うことができました。この本が出来上がるにあたっての医療や福祉の支えを心に留め置きたいと思っています。

介護のため働き方に配慮してくれた東京神学大学にも感謝します。また、生徒への愛情という動機で彩《いろど》られた合理的配慮のプロセスを見せてくれたO中学校に敬意を表したいと思います。

最後に、いのちのことば社出版部編集顧問と編集者の米本さんに、私の二十年間と祈りを形にしてくださったことに、心からの感謝をささげます。

二〇一九年　一月

森　マミ（森真弓）

著者

森　マミ（もり・まみ）

本名・森真弓（もり・まゆみ）。臨床心理士。公認心理師。

スクールカウンセラー。東京神学大学非常勤講師。

茨城キリスト教大学で聖書神学を専攻後、文書伝道団体勤務、イギリス留学、私立中高の聖書科常勤講師などを経て、早稲田大学第二文学部学士入学・卒業。白百合女子大学大学院修士課程修了。発達心理学・臨床心理学・宗教心理学を学ぶ。児童養護施設や精神科クリニック、大学の学生相談室等のカウンセラーも経験。

共著に『教会では聞けない「21世紀」信仰問答Ⅱ・Ⅲ』（キリスト新聞社）、コラムに『宗教心理学概論』（ナカニシヤ出版）などがある。

大人になった発達障害の仲間たち

2019年 3 月25日　発行
2019年 8 月 1 日　再刷

著　者　　森マミ

印刷製本　日本ハイコム株式会社

発　行　　いのちのことば社
〒164-0001 東京都中野区中野2-1-5
電話 03-5341-6923（編集）
03-5341-6920（営業）
FAX03-5341-6921
e-mail:support@wlpm.or.jp
http://www.wlpm.or.jp/

ISBN 978-4-264-04021-7